全国乡村治理示范村镇
典型经验（广东篇）

农业农村部农村合作经济指导司　编
广东省农业农村厅

·广州·

版权所有　翻印必究

图书在版编目（CIP）数据

全国乡村治理示范村镇典型经验. 广东篇/农业农村部农村合作经济指导司，广东省农业农村厅编. —广州：中山大学出版社，2020.11

ISBN 978-7-306-07047-0

Ⅰ. ①全…　Ⅱ. ①农…②广…　Ⅲ. ①农村—群众自治—研究—广东　Ⅳ. ①D638

中国版本图书馆 CIP 数据核字（2020）第 215589 号

出 版 人：	王天琪
策划编辑：	嵇春霞
责任编辑：	卢思敏
封面设计：	刘　犇
责任校对：	井思源
责任技编：	何雅涛
出版发行：	中山大学出版社
电　　话：	编辑部 020-84110771，84110283，84113349，84110779
	发行部 020-84111998，84111981，84111160
地　　址：	广州市新港西路 135 号
邮　　编：	510275　　　　传　真：020-84036565
网　　址：	http://www.zsup.com.cn　E-mail：zdcbs@mail.sysu.edu.cn
印 刷 者：	佛山市浩文彩色印刷有限公司
规　　格：	787mm×1092mm　1/16　12.75 印张　175 千字
版次印次：	2020 年 11 月第 1 版　2021 年 9 月第 2 次印刷
定　　价：	56.00 元

如发现本书因印装质量影响阅读，请与出版社发行部联系调换

丛书编辑委员会

主　任：韩　俊

副主任：张天佐

编　委（按照姓氏笔画排序）：

　　　　王　刚　　王玉虎　　王国发　　王金会　　王通林
　　　　卢仕仁　　申延平　　吐逊江·艾力　　朱　岗
　　　　刘　俊　　江枝英　　许　云　　杜　杰　　杨时云
　　　　杨秀彬　　杨昌鹏　　李志军　　李希信　　李旺泽
　　　　肖伏清　　沈　欣　　宋虎振　　张凤春　　张国坤
　　　　陈　健　　牧　远　　胡汉平　　袁延文　　顾幸伟
　　　　黄华康　　黄思光　　崔建海　　谢　晖　　路　伟
　　　　鞠　振

本书编辑委员会

主　　编：张天佐　顾幸伟
副 主 编：毛德智　许典辉
参编人员：高小军　王小慧　王彩明　贺　潇
　　　　　罗树德　郭　艺　赵一夫　王　蕾
　　　　　杨　晖　周向阳　刘齐齐　曾春梅
　　　　　洪润苗　聂红华　张金玲　林振波
　　　　　黄林明　蒙聪恕　莫倩雯　周　巍

前言

乡村治理是国家治理的基石，不仅关系到农业农村改革发展，更关乎党在农村的执政基础，影响着社会大局稳定。党中央、国务院对乡村治理工作高度重视。党的十八大以来，习近平总书记对乡村治理作出了一系列重要论述，系统阐述了新时代乡村治理工作的重大理论和实践问题，为提高乡村现代化治理水平、维护农村社会和谐稳定指明了方向、提供了遵循。党的十九大、十九届四中全会以及近年来的中央1号文件和有关党内法规，都对乡村治理提出了明确要求。2019年6月，中共中央办公厅、国务院办公厅印发《关于加强和改进乡村治理的指导意见》，对当前和今后一段时期乡村治理工作作出全面部署。近年来，各地认真贯彻落实中央决策部署，加强农村基层党组织建设，深化村民自治实践，推进法治乡村、平安乡村建设，深入开展社会主义核心价值观教育，加强乡风文明建设，涌现出了一大批好做法好经验。

为推动各地在乡村治理过程中形成争先创优、比学赶超的良好氛围，挖掘和打造一批乡村治理的引领力量，带动全国乡村治理体系建设，2019年中央农村工作领导小组办公室、农业农村部、中央宣传部、民政部、司法部5部门组织开展乡村治理示范村镇创建工作，共同认定了99个全国乡村治理示范乡镇和998个全国乡村治理示范村。这些示范村镇都是各地优中选优推荐的，其做法和经验各具特色，有很强的典型性、创新性和可操作性，对全国其他乡镇、村有很强的学习借鉴意义。为更好地宣传推广这些典型经验，发挥其示范引领作用，我们组织各省（自治区、直辖市）农业农村（农牧）厅（局、委）进一步归纳提炼，编辑出版了这套《全国乡村治理示范村镇典型经验》系列图书。学习借鉴这些典型经验做法，要充分考虑本地自然条件、经济水平和历史文化传统，针对农民群众最关心、最现实、最迫切的问题，探索形成符合本地实际的乡村治理方法模式，切实解决乡村治理的难点、痛点和堵点。

当前，我国农村正经历着从传统社会向现代社会转变的巨大变革，乡村治理也面临着新的历史使命，我们要深入学习贯彻党的十九大、十九届四中全会精神，完善党委领导、政府负责、民主协商、社会协同、公众参与、法治保障、科技支撑的乡村治理体系，构建共建共治共享的治理格局，走中国特色社会主义乡村善治之路，确保治理成果真正惠及农民群众，为建设充满活力、和谐有序的乡村社会做出新贡献，努力推动国家治理体系和治理能力现代化。

丛书编辑委员会
2020 年 5 月

全国乡村治理示范镇 ························ 1

探索党群服务中心实体化建设 构筑乡村治理"桥头堡"
珠海市斗门区莲洲镇 ························ 2

推进城乡共融共治 建设都市田园
佛山市禅城区南庄镇 ························ 7

一网一图聚合力 乡村治理更容易
汕尾市陆河县河口镇 ························ 11

"四治"建设提升乡村治理水平
清远市阳山县大崀镇 ························ 16

开展"三个一"建设 打造为农服务中心
云浮市新兴县天堂镇 ························ 20

全国乡村治理示范村 ························ 25

探索超大城市城中村综合治理有效机制
广州市白云区太和镇大源村 ························ 26

农财智治3.0 和谐发展很舒心
广州市黄埔区新龙镇洋田村 ························ 32

完善"一村一警"机制 打造平安活力村庄
珠海市斗门区白蕉镇虾山村 ························ 37

治理强"三力"　乡村换新颜
　　佛山市禅城区南庄镇紫南村……………………………………… 42
强化党建引领　推动村庄和谐发展
　　佛山市顺德区陈村镇仙涌村……………………………………… 47
支部带头干　治理新气象
　　韶关市新丰县沙田镇下埔村……………………………………… 52
党建带"六社"　治理"两难"显身手
　　韶关市南雄市湖口镇湖口村……………………………………… 57
传承家训文化　推动客家古村新治理
　　河源市连平县忠信镇司前村……………………………………… 62
喊响"跟我上"　强党建促发展
　　梅州市梅县区松口镇大黄村……………………………………… 66
以"法律顾问+"推进法治乡村建设
　　惠州市惠阳区良井镇霞角村……………………………………… 70
以德为先　和谐周田
　　惠州市惠阳区秋长街道周田村…………………………………… 74
完善议事协商机制　共创和谐善治乡村
　　东莞市凤岗镇雁田村……………………………………………… 78
经济先行带治理　和谐有序促发展
　　东莞市中堂镇潢涌村……………………………………………… 83
党建带"三治"　固本强基有优势
　　中山市古镇镇古一村……………………………………………… 87
村规民约积分制推动乡村有效治理
　　江门市江海区礼乐街道英南村…………………………………… 91
以KPI精细治理推进"问题村"华丽转身
　　江门市新会区睦洲镇南安村……………………………………… 96
党员联系户激活小村治理"一池春水"
　　茂名市茂南区新坡镇车田村……………………………………… 101

打造村落共同体　建设美丽和谐民族村
　　清远市连山壮族瑶族自治县永和镇永梅村……………………… 105
有效治理凝聚力　村庄建设"四不补"
　　清远市英德市西牛镇小湾村……………………………………… 110
"党建+社群组织"推动乡村群策共治
　　潮州市潮安区凤塘镇湖美村……………………………………… 115
"红色村"党建带动治理新篇
　　揭阳市普宁市大南山街道什石洋村……………………………… 120
"五三"着力　打造"五治"并进的善美乡村
　　云浮市云城区安塘街白村………………………………………… 124

其他案例 ………………………………………………………………… **129**

建平台　强监管　推进农村财务科学化管理
　　佛山市南海区里水镇……………………………………………… 130
立足"三强"　推动农村财务管理现代化
　　东莞市虎门镇……………………………………………………… 137
推行村社换届"六公开"　优化村庄治理环境
　　广州市白云区云城街道萧岗村…………………………………… 144
办事有清单　干事有底气
　　佛山市三水区西南街道木棉村…………………………………… 148
"头雁"领航五大合作　激活乡村治理要素资源
　　梅州市蕉岭县广福镇广育村……………………………………… 153
小小新闻官　乡村治理大作为
　　清远市连南瑶族自治县三排镇横坑村…………………………… 158

附录 ……………………………………………………………………… **163**

中共中央办公厅　国务院办公厅关于加强和改进乡村治理的指导意见
　　……………………………………………………………………… 164
中央农村工作领导小组办公室　农业农村部　中央宣传部　民政部
　　司法部关于开展乡村治理示范村镇创建工作的通知…………… 173

中央农村工作领导小组办公室　农业农村部　中央宣传部　民政部
　　司法部关于公布全国乡村治理示范村镇名单的通知……………… 177
广东省委实施乡村振兴战略领导小组关于加强和改进乡村治理的实施
　　意见……………………………………………………………………… 181
关于组织开展乡村治理"百镇千村"示范创建活动的通知 ………… 191

全国乡村治理示范镇

珠海市斗门区莲洲镇
探索党群服务中心实体化建设　构筑乡村治理"桥头堡"

> **编者按：** 莲洲镇以村（社区）党群服务中心实体化建设为抓手，建立起以党委政府为后盾、基层党组织为领导、配套制度为支撑、财政投入为保障的规范化、制度化、立体化的实体化运营模式，提升了村（社区）党组织驾驭大局、服务群众、推动发展的能力，引领乡村治理走上快车道。

珠海市斗门区莲洲镇地处珠江下游，位于珠海市西北部，总面积86.6平方千米，户籍人口4.62万人，下辖27个行政村和3个居委会。全镇被荷麻溪、涝涝溪、螺洲河等河流自然分割成上横、三沙、横山和莲溪四大片区，具有典型的岭南水乡和沙田特色。近年来，在全区统一部署下，该镇以村（社区）党群服务中心实体化建设为抓手，深入开展乡村治理，先后推行党群服务中心法人化登记，实施村（社区）"两委"干部"选聘分离"，落实由财政解决工作经费和村（社区）干部工作报酬等系列"硬核"举措，建立起以党委政府为后盾、基层党组织为领导、配套制度为支撑、财政投入为保障的规范化、制度化、立体化的实体化运营模式。该党群服务中心已成为基层党建的重要阵地，密切联系群众的桥梁纽带，提升乡村治理能力、服务群众的载体平台。

一、主要做法

（一）精心打造多功能综合性服务平台

该镇将村（社区）公共服务站全部升级改建成党群服务中心（见图

1），整合村（社区）公共服务站、文化艺术中心、卫生服务中心、村（社区）警务室、农家书屋等党群阵地，使党群服务中心既具备原有公共服务功能，又覆盖更多的服务领域。凡纳入党群服务中心管理的场所统一使用党群服务中心标识。村（社区）党群服务中心统一设置室外招牌样式，统一设计服务大厅背景装潢，统一执行一套管理制度，统一规范会议室宣传标语（例如，"坚持党对一切工作的领导"）。党群服务中心一般设置办事、会议、远程教育、宣传展示、图书阅览、志愿服务、便民服务、文体活动等功能分区，在原有基层服务队伍基础上，引入民政、司法、工会、共青团、妇联等部门的服务力量，办理各类政策咨询、业务代办、注册登记等公共服务事项，使党群服务中心的功能更多元化，服务领域更宽广，服务内容更丰富，将党群服务中心打造成联系服务党员群众、落实惠民政策的主渠道、主阵地、主平台。

图1 莲洲镇大赤坎村党群服务中心

(二)实施村(社区)"两委"干部"选聘分离"

莲洲镇在村(社区)"两委"班子依法通过选举产生后,在村(社区)"两委"班子成员中选聘党群服务中心领导成员。党群服务中心领导成员的岗位设置包括一名主任和若干名委员,其中中心主任由村(社区)党组织书记担任,中心委员则是从其他村(社区)"两委"干部中聘任产生。党群服务中心领导成员必须经过考核,受聘后才能上任,建立"8个不得聘任""7个一律解聘"的机制,既严把入口,又畅通出口。获聘的村(社区)党群服务中心领导成员基本工作报酬由财政解决,报酬标准较未实施"选聘分离"前大幅提高,不被聘任的"两委"干部不享受财政给予的工作报酬,只领取误工补贴。这一举措将农村干部工作报酬从村集体经济中剥离,一方面,减轻了村集体经济的压力,让农村有更多资源投入到改善民生的事业当中;另一方面,让农村干部吃上"财政饭",领取工作报酬看干部的实绩考核,开展工作更有底气。党群服务中心的"选聘分离"模式充分发挥"过筛子"作用,成为防止个别人脱离党的领导、脱离群众的有效制度保障,让真正想为基层干事创业的人有位置、有平台、有保障。

(三)建立党群服务中心规范运行保障机制

一是规范管理运作。根据《斗门区村(社区)党群服务中心管理办法(试行)》,建立人员管理、财务管理、考核激励等运行管理制度。村(社区)党群服务中心统一登记注册为非营利机构,制作党群服务中心业务公章,开设银行账户,承接上级的惠农资金和项目,纳入财务管理,并由党组织组织实施。

二是落实经费保障。市、区财政每年为每个村(社区)党群服务中心安排专项经费,由村(社区)党组织管理和落实使用,以党群服务中心为平台,为群众解决"小、急、难"事和关心慰问困难群众等,使村(社区)党组织书记作为党群服务中心法人不成为虚职,也让群众知道惠从何来。

三是完善决策制度。 全面落实重大事项决策"四议两公开",凡涉及党群服务中心的重大问题决策、重大干部任免、重大项目投资、大额资金使用等"三重一大"事项及涉及群众重大利益的事项,须经以村(社区)党组织班子为主要成员的党群服务中心领导成员集体研究,报镇(街道)相关部门审批后实施。借助党群服务中心这个载体,突出在党组织领导下的村民自治,理顺党组织与村(居)民委员会、集体经济组织和其他群众组织的关系。

二、主要成效

村(社区)党群服务中心实体化建设推动了村(社区)"两委"干部队伍管理模式的改革,提升了村(社区)党组织驾驭大局、服务群众、推动发展的能力,筑牢了党组织在基层的执政地位,引领乡村治理走上快车道。

(一)党群服务中心由阵地建设转化为平台建设

从机构层面确立党群服务中心的功能定位,依照法定程序明确了党群服务中心的公益性和服务性,党群服务中心更好地把村(社区)各类基层活动宣传阵地纳入统一管理,更好地承担劳动就业、计划生育、民政服务、城乡建设、慰问帮扶、党群联络等社会服务项目。党群服务中心由单纯的活动阵地场所,转化为基层党组织发挥引领作用、推进基层社会治理创新发展的工作平台和工作机构,得到了广大群众的认可。

(二)把基层干部的权力关进制度的"笼子"

以村(社区)干部"选聘分离"为载体,实行中心主任负责制(即党组织书记负责制)。党群服务中心主任(党组织书记)由上级党委聘任,党群服务中心委员的聘任由党组织推荐,确立了党组织书记在"两委"班子中的权威,把村(社区)基层干部队伍的管理权牢牢掌握在党组织的手中。村(社区)干部通过换届选举产生后,还要经过选聘考核的甄别,接受党的领导和组织的把关。建立村(社区)党群服务中心领导成员绩效考核机制，促进对村干部的精细化、科学化管理，打破"干好干坏一个样"的状况，形成"有为才有位"的思想导向，从根本上改善了斗门区村（社区）基层的政治生态。图2为莲洲镇镇、村干部积极开展"不忘初心、牢记使命"主题教育。

图2　莲洲镇镇、村干部积极开展"不忘初心、牢记使命"主题教育

（三）夯实党组织在基层组织的领导基础

莲洲镇制作了党群服务中心业务公章，开设了党群服务中心账户，纳入财务管理体系。各级划拨村（社区）的财政扶持资金则由党组织管理使用。市、区财政每年投入每村（社区）20万元的服务群众专项经费，确保了党组织的财政权，保证党组织有钱办事。实行村（社区）"两委"干部"选聘分离"，给予村（社区）党组织书记搭建领导班子的空间。同时，完善对党群服务中心的年度考核机制，压实责任，保证党群服务中心领导班子在上级党组织的领导下同心同德为民服务。全面实体化运作的村（社区）党群服务中心，成为村（社区）党组织直接管理村（社区）重大事项，推进基层社会治理和乡村振兴的平台。

佛山市禅城区南庄镇
推进城乡共融共治　建设都市田园

编者按： 南庄镇坚持强化党建在基层工作中的领导地位，推动乡村振兴，建设都市田园，辖区涌现出一批入选"全国文明村""全国绿色村庄""全国农村社区建设示范单位""中国乡村振兴先锋榜"的国家级明星村，掀起"村村比、学赶帮"的热潮，城乡融合发展呈现从高速度向高质量转变的态势。

佛山市禅城区南庄镇位处粤港澳大湾区腹地，既是粤港澳大湾区的重要节点，也是佛山"一环创新圈"在功能布局上形成的"西南—智造环"的重要组成部分。全镇面积76.03平方千米，户籍人口约10万人，外来人口约12万人；下辖18个行政村、5个社区；2019年全镇农村集体经济收入13.66亿元，人均股份分红1.15万元。近年来，南庄镇按照"城产人文共融"的发展思路推进乡村治理，形成了乡村与城市共融、生态与智造共荣的良好局面。南庄镇全力建设都市田园，图1为绿岛湖片区。

图1　南庄镇绿岛湖片区

一、以基层党建为引领,强化乡村治理组织保障

一是创新开展"两帮扶"机制。针对农村发展不平衡、不充分的问题,实施农村"两帮扶"三年行动计划,通过镇和具有国家级荣誉的先进村对被帮扶村综合帮扶,把好经验、好模式复制推广出去,促进被帮扶村在党的建设、经济、环境、民生等方面得到全面提升。近年来,镇财政加大对农村的投入力度,针对党建、人居环境整治、农村基础设施建设、污染防治、产业提升等方面出台多项政策,支持项目97个,奖补资金达8378.5万元。通过手把手"两帮扶",先进村乡村治理的机制、制度、经验迅速传输到被帮扶村,村与村之间缩小了发展差距,个别村党组织软弱涣散现象也得到根本改观。南庄镇创新开展"两帮扶"机制,图2为龙津梧村文化联谊站成立仪式。

图2 南庄镇龙津梧村文化联谊站成立仪式

二是实施党群服务全覆盖。全镇18个村党组织全部升格为党委,175个村民小组党支部建设全覆盖,村党组织书记、村委会主任、集体经济组

织负责人3个职位"一肩挑"的比例达到100%。打造"一校两区十基地"的南庄镇委党校，保障党员、农村干部教育培训常态化。高标准建设革命先烈罗登贤、廖锦涛红色教育基地，传承弘扬红色文化。建立镇、村两级党群服务中心全覆盖，率先实施无职党员设岗定责制度，开展党员志愿服务、"党员先锋+"等活动，让群众实实在在得到实惠，感受到"惠从党来"。

三是健全农村人才培养体系。建立企业家"双培"体系（即把优秀的企业家培养成党员，把党员企业家培养成农村干部），实施农村后备干部培养三年行动计划，开展退伍军人续航行动，鼓励非户籍人口参加基层治理，出台农村干部保障政策，举办"优秀党员""闪光青年""优秀退伍军人"等系列表彰宣传活动，吸引和支持更多优秀人才扎根基层，在农村建功立业。

二、以数字乡村为抓手，提升乡镇管理服务效能

一是深化"一门式"改革。持续推动公共资源向农村下沉，在镇、村行政服务中心（站）实施"一门受理、综合办理、规范操作、公平公开"的方案，让群众少跑腿、得实惠。加快线上线下共享社区建设成果，进一步扩大家庭综合服务中心的覆盖面，把优质公共服务送到群众家门口。

二是打造数字乡村。实现"一门通"信息平台全覆盖，把基层党建、村务管理和"互联网+"结合起来，实现村务政务信息公开和交流的规范化、网格化管理。加快健康乡村建设，常住人口健康档案管理电子信息化率超过75%，完成社区医院"1个中心和10个站点"标准化建设，形成15分钟医疗服务圈。充分发挥农村集体经济数字云图、农村集体资产交易管理平台、农村集体财务监控平台、综合治理云平台的作用，形成大数据共享局面。目前，南庄镇已完成216个集体经济组织的集体资产清理核实，并对19430户已确权经营户完成数字化归档。

三是整合社会共建力量。镇、村、企深度对接，合作共治，以村级工业

园改造提升为契机，不断完善配套服务和城市服务，推动"园区社区化"和"产业城市化"，实现多方共赢。以镇财政撬动社会各方力量参与环境提升，推动厕所改造、污水管网建设、河涌整治等工程深入推进，村容村貌每年都有新的亮点。创新驻点团队"六联系"工作制度，落实"一案一策"，在征地拆迁、项目建设、股份分红等历史问题的处理上取得较好的成效。

三、以"三治"融合为途径，开启善治新局面

大力推进自治、法治、德治"三治"融合，打造品牌村居。

一是完善自治事务监督。配强农村监督队伍，率先推进纪检监察工作向村（社区）延伸，对村党委和村级党员领导干部履行职责、行使权力进行监督。制定镇、村"一把手权力清单和负面清单""小微权力清单"，建立重要事权清单管理制度，进一步规范土地利用管理和农村集体大额资金使用管理，明确镇、村能做什么、不能做什么，并长期挂网公示，使权力的行使依法有据、流程清楚、公开透明。贯彻落实村班子联席会议制度和党群联席会议制度，严格执行"四议两公开一监督"要求，确保对农村重大事项在村党组织领导下进行集体研究、集体决策。

二是加强法治建设。大力推进法治进村居工作。南庄镇现有23个公共法律服务体系实体平台，面向基层群众提供零距离的"一站式"基本法律服务，推进优质法律服务资源向基层延伸。重点加强对领导干部、村（社区）"两委"干部、青少年的法治宣传教育，促进民主法治村建设。推动村规民约修订，实现"大事一起干、好坏大家判、事事有人管"。

三是开展"一村一品牌"创建。对标乡村振兴战略总要求，因地制宜，高标准建设"一村一品牌"。目前南庄镇已初步形成"仁善紫南""书香罗南""和美龙津""崇文南庄"等村居品牌，高规格打造"醉美南庄"乡村振兴示范区，以片带面，推动周边村共同进步。农村有了向心力，发展精气神得到了进一步凝聚。

汕尾市陆河县河口镇
一网一图聚合力　乡村治理更容易

编者按： 陆河县河口镇以网格化管理服务为基础，构建全镇"村况民情图"数据可视化治理平台，积极开展多元化参与的源头防控，初步探索"大数据+"的乡村治理河口模式。自"一网一图"建立以来，全镇党群政群联系更加密切，服务更加精准，乡村治理水平得到了有效提高。

河口镇位于汕尾市陆河县南部山区，总面积169平方千米，下辖18个行政村和1个居民社区，共185个村民小组，人口6.2万人，是全国重点镇、广东省中心镇之一，也是海陆丰革命根据地的重要组成部分。2018年起，针对辖区面积较大、村落分布相对分散所导致的传统治理和服务难题，河口镇以大数据智能化创新驱动发展理念为主线，探索构建以网格化服务管理为基础，以"村况民情图"数据可视化治理平台为抓手，以多元化参与的源头防控为支撑的乡村治理机制，治理服务的精准性、便利性得到了有效的提升。

一、"小网格"做好实服务

以镇为责任主体设立大网格，以行政村（社区）为基本单位划分为19个中网格，以自然村为基本单元设立128个小网格，依托信息化平台将人、地、物、事、组织等要素全部纳入网格管理，服务事项全部进入网格办理。目前，全镇配备网格长、专兼职网格员450人，职责是负责采集各类基本信息，反映民生需求，摸排及协调、化解矛盾隐患，落实上级交办的其他工作。其中，以镇党委书记为大网格长，分管政法工作的镇委副书记为副大网格长，村（社区）党组织书记为中网格长，镇驻村干部、村（社区）"两委"干部、驻片民警（辅警）、大学生主任助理为专职网格员，村民小组长等为兼职网格员，另聘任51名专业网格员，各村理事会会长、党员等为志愿网格员，参与网格化管理。镇驻村工作组结合每周一的驻村直联日、"三进三同"党性锻炼实践活动，召开每周例会，及时梳理分析网格员收集反馈的工作情况，抓好分类处置。对小矛盾、小隐患，发挥网格长、网格员的桥梁纽带作用，推动化解，力争"小事不出村"；对群众急需的民生服务，通过镇、村党政综合服务平台协调办理；对重要治理信息，按规定上报镇数字化信息中心。通过发挥网格的节点作用，做实群众服务，实现基层治理压力繁简分流。图1为河口镇网格化管理流程图。

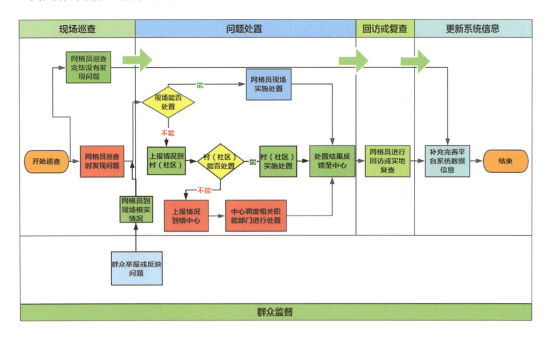

图1 河口镇网格化管理流程

二、"小信息"汇成大数据

网格上报信息数量大、情况多，因此，在"信息海洋"中抓准突出矛盾、紧要事项、共性问题，是提高网格治理实效的关键。为用好大数据手段，提高甄别分析效能，推动治理节点串点成面，河口镇着力推进"村况民情图"数据可视化治理平台建设。

一是建立一个基础数据库。按"一址一码"标准安装二维码数字门楼牌、网格路线导视牌、"三小场所"治理标识牌、乡村组织标识牌。在此基础上，整合相关行业（单位）、企业（协会）、下属社区、乡村、网格楼栋、人口、设施等基础数据，搭建基于二维码门楼牌门户信息和空间地理位置的"数字乡村"基础数据库。目前，数字门楼牌数据、门户信息、商旅信息、基础公共设施数据、实有房屋信息等30多万条信息已入库。

二是建立一个信息中心。整合汇总基础数据库、网格上报信息、镇域行业综合治理信息，开发城乡治理数字App，建立镇域数字化信息中心。在一张可视化"村况民情图"中综合呈现河库管理、禁毒、环境卫生、森林防火、安全生产、"两违"治理巡查和公共设施情况（例如：路灯、路牌、视频监控、乡村大喇叭、通信设施、环保监测等），突出显示重点人员分布、矛盾纠纷主要集中点等关键信息，加强决策辅助服务。建立"镇党委＋信息官（CIO）小组＋村社信息管理员"信息分析运用机制，实行一个平台指挥调度，提高日常治理和应对突发事件的能力。

三是建立一个执法队伍。根据平台统一调度，积极开展综合执法和综合治理信息处置工作，加大对损害基层稳定和农民利益案件的查处力度，推进"综合治理、政务管理、三农服务"有机融合。

三、"小气候"优化大环境

对通过网格排查和信息分析发现的苗头性、隐患性问题，调动多方力量开展源头治理，力争通过营造乡村"小气候"，优化提升镇、村振兴大环境。

一是以改革创新推动乡村产业振兴。 针对一些村组存在的村庄建设和产业发展的难题，按照"村民主体、简政放权、公开透明、以奖代补"的原则，简化项目建设流程，加快全域美丽乡村建设。全面开展农村集体产权制度改革，成立了 8 家股份制公司、176 个经济合作社，推动土地流转 3000 亩①。统筹各级财政资金 2650 万元，引进中国热带农业科学院等技术团队，扶持发展沉香、油茶、青梅、油柑、香橼、绿壳鸡蛋等特色种植养殖加工业，建设孵化基地，支持青年尤其是大学生返乡创业就业。目前，仅本地大学生返乡创业创立的农副产品品牌"一夫田"，年销售额就高达 600 多万元，还为本地创造了一批就业岗位。

二是以党建调动乡村社会力量参与治理。 每年，镇委镇政府通过举办春节外出各类人士座谈会，褒扬杰出的各类人士，引导更多各类人士关注、支持家乡发展。例如，"陆河好人"朱乃强先生牵头成立"医疗促进会"，带动社会筹资 200 多万元，保障河口镇居民在本镇住院最多只需花 200 元；民办教育企业家李敬忠先生推行河口镇农村留守儿童夜晚补习班，为 400 多名留守儿童提供亲情抚慰、生活托管、安全管护、家庭教育指导等关爱服务。

三是以文化建设营造文明新风尚。 镇委镇政府开展星级文明户评选（见图 2）、创建美丽校园等活动，培育一村一广场舞队、一村一老年民乐团，营造文明和谐的社会氛围。此外，镇委镇政府先后打造了北中红色欢乐谷景区、广东省首个"不忘初心"主题公园、中共南溪抗日宣传队纪念馆、对门农会展览馆、村级文化活动广场等文化活动中心，传承推广红色文化，月游客量峰值超过 30 万人次。在村党组织领导下，发挥红白事理事会、祠堂宗亲会、各类人士的作用，通过村（居）道德评议、村规民约、文化娱乐等村民自治形式，引导群众移风易俗。近期，各村先后开展红歌

---

① 亩为非法定计量单位，1 亩 ≈ 666.7 平方米。

歌唱、青少年歌唱、广场舞、拔河、插秧、客家擂茶比赛及红色诗词朗诵、亲子放生、追寻"地下交通站遗址群"徒步、荧光夜跑等活动，共80多场次。

图2　河口镇星级卫生文明户颁奖活动

清远市阳山县大崀镇
"四治"建设提升乡村治理水平

> **编者按**：阳山县大崀镇坚持以党建为核、民主为要、平安为首、文明为上的理念，全面提升乡村政治、自治、法治、德治建设水平，推进区域治理体系和治理能力现代化。目前，全镇社会和谐有序，乡村发展充满活力。

大崀镇位于清远市阳山县西北部，总面积107.2平方千米，有耕地28068亩，林地82124亩，属生态功能发展区。大崀镇下辖8个村委会，41个自然村，97个村民小组，总人口17056人。近年来，大崀镇全面加强乡村政治、自治、法治、德治建设，有力地维护了全镇社会稳定，为农民创业增收提供了良好的外部环境。2019年5月，广东省委常委叶贞琴到大崀镇调研实施乡村振兴战略（见图1）并对当地该项工作的开展给予了肯定。

图1　2019年5月，广东省委常委叶贞琴（左四）到大崀镇调研实施乡村振兴战略

一、坚持党建为核,提升乡村政治"领导力"

坚定政治方向,强化党建引领。

一是优化村党组织设置。 大岽镇将全镇原41个村小组党支部和2个"两新"党组织调整为18个,充实了党支部的力量,强化了政治功能。目前,有6个党支部被上级评为"优秀党支部"。

二是擦亮"金牌领路人"党建品牌。 大岽镇突出政治标准,优选3名"金牌领路人",强化农村党组织带头人队伍建设。通过学习培训、办好讲坛活动等方式,全面提升"带头人"的政治素质和本领,示范带动村一级党员干部提升整体素质。

三是强化基层党组织领导核心作用。 把党领导一切的要求压实到村干部选拔任用等重要事权当中,积极发挥村"两委"干部和村民理事会的作用,引导群众投身乡村振兴事业。近年来,镇组建乡愁竹木艺品合作社,引进渔痴鱼醉生态休闲垂钓园、优质蔬菜基地、"山窝驼"花海世界、百花山景区、粤荿宝生态农业有限公司等项目,推进第一、第二、第三产业融合发展,农民就近就业,增收渠道得到拓宽。据统计,大岽镇农民人均年纯收入由2018年的15483元上升到2019年的17651元。

二、坚持民主为要,提升乡村自治"组织力"

坚定自治为基,强化全域覆盖。

一是规范民主协商。 全镇以自然村为单位成立的村民理事会有42个,辅助村"两委"推进村庄公益建设。2019年,村民理事会参与乡村振兴相关议事协商达到200多次。

二是规范管理服务。 推进公共服务下移,强化行政村政务服务"一站式"办理功能。2019年,全镇各村累计受理各类行政审批和便民服务业务5668宗,办结率100%。仅交通费一项,一年就为群众节约近10万元。

三是规范村务监督。 大崀镇制定了《村务监督委员会职责》《村务民主决策监督流程》《资金管理监督流程》等制度,对村内重大事务、项目建设、村集体"三资"管理及干部廉洁等情况进行严格监管。推动村务公开"五化",即设施建设标准化、内容规范化、形式多样化、时间常态化、地点公众化。

三、坚持平安为首,提升乡村法治"保障力"

坚定法治为本,强化全盘保障。

一是深化平安建设。 大崀镇以阳山县创建"全省维稳工作示范点"为契机,深入推进"小山村撑起大网格"品牌创建活动,深化综合治理网格管理"3+2+1+X"模式(即3项大目标任务加2项基础性工作加1项中心工作加其他X项工作),划分网格40个,配备网格员45人、网格信息员116人,实现全镇自然村(村小组)网格工作全覆盖和一格多员。2019年,排查调处矛盾纠纷90宗,调处率达到100%。

二是深化法治宣传。 推进法治乡镇、民主法治村、依法治校等建设工作,通过举办讲座、送戏下乡、发放宣传画册等形式,开展扫黑除恶、扫黄打非等各类法制宣传工作。2019年,大崀镇开展各项宣传活动108场次、讲座19场次,发放各类宣传册7万多份。此外,大崀镇还在全县率先建设平安法治宣传"大喇叭"系统,建成8套行政村广播系统、54个村小组接收点,实现镇、村、村小组三级全覆盖,常态化播报新闻、政策、法律法规、文明准则、农技知识等。

三是深化法律服务。 加强乡镇司法所、调解委员会的建设,开展人民调解61宗,涉案金额40.79万元。推行"一村一法律顾问",村法律顾问共服务790人次,为群众提供法律咨询6件,提供法律意见书5件,参与人民调解2宗;通过远程视频系统、公共法律服务实体平台接待与解答法律咨询10件,使群众足不出户就能享受方便快捷的公共法律服务。

四、坚持文明为上,提升乡村德治"凝聚力"

坚定德治为先,强化全民参与。

一是以文明养德。大力加强文明乡风建设,开展"画动镇村"活动,利用镇村主要公路沿线民居墙体、村庄文体广场等场地,描绘社会主义核心价值观、中华民族优秀传统文化、民主法制等内容的墙画,宣传画面积近 1000 平方米,营造崇德向善的文化氛围。大岚镇茶坑村、沙田村、松林村创建成为市级文明村,24 个自然村创建成为县级文明村。

二是以评议立德。积极开展"善美人家""身边好人""文明户""最美人物""十佳守法公民"等道德典型评选活动,弘扬社会正能量,带动乡村整体道德文明水平的提升。全镇共评出"善美人家"示范户 145 户,"最美家庭"2 户,文明户 465 户,"十佳守法公民"10 人。定期开展"大榕树下的小讲堂""道德讲堂"活动,引导群众对身边道德典型、各类人士开展评议,形成见贤思齐、积极向上的舆论氛围。

三是以村规促德。结合生态环境整治、美丽乡村建设等中心工作,各村修订完善村规民约并上墙公示。将社会主义核心价值观融入村规民约,焕发中华优秀传统文化讲仁爱、重民本、守诚信、崇正义的时代价值,引导村民立家训家规、传家风家教、树文明新风、除陈规陋习,自觉践行个人品德、家庭美德、职业道德和社会公德。图 2 为大岚镇社会主义核心价值观宣传阵地掠影。

图 2　大岚镇社会主义核心价值观宣传阵地掠影

云浮市新兴县天堂镇
开展"三个一"建设 打造为农服务中心

编者按： 天堂镇以"实施乡村振兴战略，建设'乡村文明，城镇品质'的现代新农村"为目标，突出问题导向，深化以"三个一"公共服务建设为核心的行政管理体制改革，推进资源下沉、力量整合，打造"集中高效审批、强化监管服务、综合行政执法"的乡村治理中心。

新兴县天堂镇（见图1）地处三县交界，总面积133.89平方千米，总人口6.58万人，是全国重点镇、省中心镇。天堂镇在全县率先开展以"三个一"公共服务建设为核心的行政管理体制改革，在破解治理主体权责失衡、治理力量条块分割、公共服务供给不足等治理困境方面取得了明显成效，强化了乡镇在乡村治理、公共服务中的职能作用。

图1 天堂镇城镇概貌

一、设置便民服务一窗口

将服务窗口设在"群众身边",促使服务前移,全面优化镇内便民举措,让天堂镇的群众享受与县城居住群众同等的办事便利。

一是整合办事窗口。 建设1300多平方米的新兴县行政服务中心天堂镇分中心,以"应办即办"为原则、"说办就办"为承诺、"一次办结"为目标、"办就办好"为理念,把住建、城管、人社、卫计等多个单位赋权审批办理的事项整合成为22个窗口,统一实行"一站受理""一窗办结"。

二是加快下放权力。 梳理县、镇、村(社区)便民服务事项94项,编印《新兴县镇级行政职权和公共服务事项实施目录(试行)》,向县有关单位提出下放直接面对基层群众审批权的合理化建议,推进行政执法权限向基层下沉,破解乡村治理领域"看得见的管不了,管得了的看不见"难题。

三是统筹工作人员。 为解决乡镇专业力量薄弱的难题,对不能赋权基层审批的事项由县部门派员进驻,镇街实行统一指挥和统筹协调,推进县域专业力量与乡镇服务工作深度融合。

二、组建综合执法一平台

优化行政资源配置,建立县镇两级基层治理综合协调指挥体系,提升乡镇常态化治理服务和应急处置效能。

一是建立平台党支部,促进横向协同。 按照"党委领导、属地负责、力量整合、形成拳头"的要求,整合镇内"七站八所"的执法职能,组建镇综合执法平台。设立平台党支部为处置辖区突发情况或违法行为的统一指挥调度机关,加强党对乡村治理工作的领导,提高联合执法和快速反应能力。

二是制定问题导向清单,促进上下贯通。 围绕综合执法、重点工作、重大项目、民生服务、应急处置等重点领域,研究梳理天堂镇反映比较集中、自身难以解决的问题,制定新兴县天堂镇"县镇两级基层治理综合协调指挥体系"34项问题清单,明确各项工作主责部门、配合部门,以"一事一报"的形式向县有关职能部门提请协同解决。将有关事项进展纳入综合执法平台全程跟进,及时向群众反馈办理结果。

三是建立专业执法队伍,促进多方联动。成立天堂镇城建管理监察中队和天堂镇消防站,整合天堂镇城建管理监察中队和天堂镇消防站等资源力量,打造"一岗多责、一专多能"的职业化管理队伍,打破条线、部门、领域的限制,在化解乡镇"事务多、责任大、权力小、力量弱"的难题上迈出坚实的一步。图2为天堂镇综合执法平台召开日常工作会议。

图2　天堂镇综合执法平台日常工作会议

三、细织镇村治理一张网

发挥乡镇对村组工作指导的统筹作用,按网格整合全镇22个村(社区)、194个自然村、1830名党员,实行"一张网"通盘规划,合理调度。目前,天堂镇已建立22个中网格、182个小网格、80个微网格,真正实现

"上面千条线协同，下面一张网兜底"。

一是党的建设一网统管。为解决各村党支部组织建设水平不均衡的问题，建立"强村带弱村"帮带共建机制。联合开展基层党组织主题党日活动、召开党建工作推进会、组织观摩学习，互相启发，交流协作，在强弱抱团中促进双赢，实现党建质量提质增效。

二是服务群众一网统管。推行"指挥部、工作组、联络员"网格化纵深服务模式，实现了村级事务精细化管理，服务群众零距离。以党建带工建、青建、妇建，打造特色志愿服务队。建成老人康养服务中心、"四点半课堂"、全市首个村级长者食堂等，切实提高"一老一少"服务质量。

三是平安建设一网统管。建立"一网明责、一网疏解"机制，细化平安建设领导责任，全面掌握基层矛盾纠纷，借助遍布镇域的网格联络员，建立每日排查矛盾纠纷上报制度，进行镇、村两级联动研判处置，有效地将调处力量下沉网格，实现多数纠纷化解在网格。

全国乡村治理示范村

广州市白云区太和镇大源村
探索超大城市城中村综合治理有效机制

> **编者按**：大源村是广州市白云区城乡接合部的行政村、城中村。长期以来，由于特殊的人口组成、产业结构等原因，大源村社会治理难点、痛点问题突出。近年来，白云区以大源村为重点开展综合整治，全面实施基层党建、精细化管理、环境治理、产业转型等工程，初步实现了从乱到治再到示范村的目标，为健全乡村治理体系、实现有效治理积累了经验。

大源村位于广州市白云区城乡接合部，面积为25平方千米，有户籍人口9816人。近年来，该村城镇化进程加快，电商、物流等行业迅速兴起。全村有大型物流园7个，房屋建筑6800多幢，其中出租用楼房3400多幢，实际服务管理人口超过17万。作为全市外来人口较多、发展基础比较薄弱的城中村，大源村曾在某段时期出现农村"三资"管理的问题多、违法建设多、治安维稳和环境卫生差等乱象，成为白云区城乡治理的重点问题村。2018年以来，大源村统筹推进基层党建、村务管理、社会治安、城市更新等工作，探索城中村系统治理、发展提质的有效路径，实现了从乱到治的明显变化。2019年，全村案件类警情同比下降22.5%，辖区电商经济年销售额达600亿元。图1为《广州日报》对大源村治理成效的报道。

图1 《广州日报》对大源村治理成效的报道

一、实施基层党建提升工程，强化治理工作领导核心

（一）完善区域党组织架构

大源村23个经济社全部成立党支部，7家重点企业全部组建党组织，设立电商创意园党支部，筹建电商行业协会党组织，全面消除党建工作盲区。此外，大源村还搭建村级党建联席会，将辖内28个"两新"组织和3个社区党组织纳入村党委代管，推动辖内3个大中专院校党组织与村党委共建，构建大党建工作格局。推行"支部建在网格上"，划分212个党员责任区，建立"党委—党支部—网格—党员"四级管理架构，实现党员落实责任与网格管理相统一。

（二）加强对党员干部的管理监督

大源村实行村党委书记兼任经济联社法人代表、经济社党支部书记担任社长，村党组织和集体经济组织班子交叉任职的制度。此外，大源村还建立健全村干部、党员和经济社党支部的"4+5+1"管理制度（即干部亮履职承诺、结对联系党员群众、教育培训学分制、述责述廉述德4项工作制度，党员亮身份亮承诺、划分党员责任区、建立党员突击队、联系服务群众、星级考核评定5项工作制度，党支部星级考核制度），开展流动党员"安家工程"，出台村社干部履职正负面清单，形成覆盖各类干部和各个工作环节的制度闭环。

（三）构建党建阵地体系

大源村建设大型党群文化广场（见图2）、党群服务站，使联系服务群众的桥梁纽带落实到最基层。该村按照"1+N"模式打造大源村新时代文明实践站，统筹图书馆、流动党员服务中心、融合学堂等平台资源，设立多个分站点，成立全区首个村级党校，打通宣传教育的"最后一公里"。

图 2　大源村党群文化广场

二、实施村务管理提升工程，强化治理工作合力

（一）织密"三资"管理"防护网"

大源村全面开展"三资"管理专项检查，清理问题合同 494 份，追回合同欠收租金 432.2 万元，为村社每年增加租金收入 1500 多万元。该村推行经济社出纳业务由村代理，村、社会计业务由镇代理的制度，实现财务在线实时记账。推进"三资"管理平台与银行系统数据对接，实现对集体经济组织合同收款、资金支出等的情况的实时监控。此外，大源村还推动村务公开平台链接财务系统数据后台，实现"三资"内容实时上传，并捆绑微信举报平台，群众在查看"三资"情况时可同步进行问题举报。

（二）拧紧民主自治"安全阀"

大源村制定了《大源地区村社小微权力清单》《经济社党支部工作办

法》《经济合作社社务公开制度》等文件,提高了村社事务规范化水平。该村力推"互联网+村务公开",设置村微信公众号,建立"公开+举报"微信双平台架构,试点推动公开内容延伸到经济社社务,保障群众的知情权和监督权。

(三)打造居民服务"加力器"

大源村搭建共治议事会,为村民和外来人员提供传达信息、收集意见、协调矛盾的载体。该村注重发挥社会组织的优势和作用,成立全区首个村级社区社会组织联合会,组建555人的"同心源"志愿服务队,引进专业社会组织开办"融合学堂",为来穗人员提供的就业创业技能培训、为来穗家庭儿童提供的课外教育等融合服务近千次,提升了外来人员的归属感。

三、实施社会治安提升工程,营造平安和谐社会环境

(一)打造网格管理"升级版"

大源村将原有的39个网格精细划分为111个基础网格,将原有的201项网格事项简化为10类,适应精细、高效管理的要求。统筹网格资源,将镇驻村各支专业队伍统一划归村党委管理。建立基础网格与公安、城管等专业网格联运机制,"五长一员"(党小组长兼网格长、议事长、监事长、警长及基础网格员)共治体制机制,基本实现"小事不出网格,大事不出社区"。

(二)强化社会治安科技支撑

配合有关部门全面摸排采集人、屋、单位、设施、门禁视频、消防、违建、违法8项社会管理基础信息,大源村将相关数据录入数字白云基础应用平台,基本实现公安地址库、数字白云平台、智慧社区系统、来穗人员服务管理系统基础数据"四统一",为精准管理提供可靠的数据支撑。升级改造大源村综合治理中心视频监控室,设立网格化管理指挥平台,对内街内巷、企业、公寓等地点的信息及数据进行全面管理。构建智能化、可视化社区管理体系,设置高清摄像头310个、人脸识别摄像头55个、Y型摄

像头 23 个,将辖区单位、企业视频监控设备接入村监控平台,实现村内主次干道的实时动态呈现清晰明了的效果。村内出租屋全部安装蓝牙门禁系统,实现管理人、证、机统一,精准采集来穗人员和出租屋的信息,大大挤压了违法犯罪的空间。

(三)推进城市和产业更新优化

大源村推行"综合整治+土地收储+更新改造"的更新模式,加快村内道路、消防、通信、供水等基础设施建设,推动每平方千米道路密度从 1.45 千米提升到 8 千米,人均公园面积从 0.1 平方米增加到 11 平方米。制定环卫收费办法,实施垃圾分类,推进"厕所革命",消除沙坑涌黑臭水体,提升村居环境。大力推动电商、物流产业高端集聚融合发展,完成 4 个电商创意园的升级改造,其中大源电商创意园已有上百家企业进驻。城市和产业升级优化不仅从源头上减少"小、散、乱"出租屋、盲黑点等治理难题,还有利于营造潜移默化地提升居民文明素质的良好环境。

广州市黄埔区新龙镇洋田村
农财智治3.0 和谐发展很舒心

> **编者按**：洋田村在乡村治理工作中，用好农村财务管理系统，强化"四个一"机制，密切党群干群关系，促进民主管理，为村公益事业发展营造了良好氛围，形成以治理促发展的范例。

洋田村（见图1）位于广州市黄埔区新龙镇东部，面积8.41平方千米，由4个自然村共29个经济社组成，村民约5000人。村党委下设4个党支部、16个党小组，有党员138名。图2为洋田村"五彩花田"。

图1 洋田村村庄俯览

图 2　洋田村"五彩花田"

该村自 2013 年成为农业部（现为农业农村部）美丽乡村试点村以来，先后启动旧村改造、集体经济发展等一系列项目，仅 2019 年发展民俗、旅游项目的投资就达 1.2 亿元。在此过程中，该村应用黄埔区农村财务管理系统，强化"四个一"机制，推动集体"三资"监管由人工管理 1.0 版、单机管理 2.0 版向"互联网＋"3.0 版跨越，形成了干群齐心、以治理促发展的良好局面。

一、建好"一张网"，强化"三资"综合监管

2012 年，黄埔区以"互联网＋"为依托，按照"一个平台，多个系统"的标准，建成集资产管理、资产交易、财务核算、财务公开、工程管理、"三资"监控、成员管理、清查财产、核定资金等业务功能于一体的数据共享的综合管理信息化平台，实现了农村集体"三资"管理工作"一网全覆盖"。

一是财务核算系统对接"三资"监管系统，实现对各项财务指标的异常情况的实时预警。结合日常财务管理工作中发现的问题，在农村集体"三资"平台科学设置监控指标。"三资"监管系统按照监控指标，从财务核算系统及其他系统自动抓取相关数据，并通过"云计算"进行分析比对。目前已实现对经营收支、租金收取、费用开支、福利费管理、现金使用、票据管理、留存收益、财务公开等指标的全方位监控、实时预警。

二是财务核算系统对接财务公开系统，实现财务公开自动化、标准化和多样化。财务公开系统定期自动从财务核算系统抓取相关公开数据，生成公开报表，堵塞人为篡改数据的漏洞。明确"橱窗式"公开报表一律由财务公开系统生成并打印，确保财务公开数据线上线下的一致性。根据村民监督需求及浏览习惯，形成以"橱窗式"张贴、网站信息公开为主，微信公众号、手机短信公开并行的多渠道财务公开模式，实现"一键"并发功能，提高公开效率。

三是财务核算系统对接工程管理系统，实现对集体工程项目结算额的异常情况的实时监控。结合工程管理系统对农村集体工程项目的全程化管理，通过财务核算系统自动抓取工程管理系统的工程项目竞得价数据，对在建工程结算价偏离合理区间等异常情况进行及时预警，避免随意提高工程项目结算价的情况发生。

四是财务核算系统对接清产核资系统，实现清产核资财务报表数据自动汇总。由财务核算系统按照清产核资报表指标需求推送财务数据，由清产核资系统自动汇总、稽核指标逻辑关系，并向上级系统自动报送数据。

二、接好"一根线"，实时联动银行数据信息

银行数据专线对接财务核算系统，建立网络化、智能化数据对碰、及时反馈银行存款异常信息的监管模式，实现对银行存款的实时、全面监督。

一是实现银行存款电子对账。银行每月定期向财务核算系统推送银行账户上月度电子对账单，财务核算系统自动将接收到的电子对账单数据与

银行存款日记账逐笔核对，出现账实不符情况及时预警，堵塞了利用会计人员对账普遍只核对期初余额和期末余额的习惯而挪用集体资金的漏洞。

二是实现银行存款大额支付及时反馈功能。 财务核算系统向银行推送预先设定的每日开支最大额度和每笔开支最大额度，银行在处理资金支付业务时，遇到支付金额达到预设额度时，及时向财务核算系统反馈，财务核算系统自动核对该笔业务是否完成事前审批手续，对异常支付业务由财务核算系统及时向经联社财务主管和街镇相关科室负责人推送提醒信息。

三、管好"一本帐"，实现财务票据和结算电子化

财务核算系统提供各类票据格式生成、套打功能，系统统一分配票据编号，实现各类票据领取、使用的全程留痕追踪，实现农村集体各类票据的电子台账管理，自动跟踪收入款项入账的及时性，自动核查收支异常问题并进行实时预警。设置"收入票据关联资产管理系统相应合同编号"功能，由系统自动识别款项入账情况，实时监管相应合同收款情况，自动反核查资产管理系统合同台账的完整性，管理系统外的合同无法开具电子票据，避免经济合同游离于监管范围之外。创新和规范农村集体日常开支支付模式，与银行合作定制适用于农村集体日常开支结算的"村务卡"，明确农村集体除应急、向农户采购农产品等 7 类特殊情况外，日常开支均通过"村务卡"支付，最大限度地减少现金结算，既做到支付结算快捷方便，又利于明晰管理资金使用。

四、用好"一班人"，推动纠纷隐患有效化解

坚持发挥村党委"把方向、管大事、促落实"的政治引领作用，整合用好村级基层组织各类力量，形成治理主力军，将通过农村财务监督管理体系及其他途径发现的纠纷隐患抓早抓小，有序化解。

一是完善党建带动机制。 实行党员、干部、社长"1+2+3"（"1"是村党委统领全局；"2"是村干部、社委干部起带头作用；"3"是党代表、

人大代表和村民代表包片、包户、包干，落实工作）分片包干、三级联动，落实层级责任。开展党员"双报到"活动，联合区、镇的部门和社会团体开展党组织共建。全村138名党员均在家门口悬挂"共产党员户"光荣牌，洋田村每月组织开展党员志愿活动，推动党员干部在农村社会管理和服务、人居环境整治、村庄旧改等方面做表率，促进"党建带村建，模范带群众"。

二是实行乡村治理记分管理机制。村组织干部、党员、村社两级社委、联防队员等人员由村委统一管理（环卫工人由镇和村委共同管理），实行记分制。村包片干部、党员、社委、联防队员把进社入户指导、环境卫生整治检查、基础设施维护、综治维稳及落实上级工作等事务作为日常工作重点。村委对包片工作开展情况进行不定期检查并记分评价，作为年终绩效考核的重要依据。

三是建立问题发现、处理、反馈机制。在村联防队员中优选8人组成"村务服务队"，各包片负责人发现片区内出现无法马上处理的问题时，迅速上报，由"村务服务队"及时处理，处理结果反馈给包片负责人，包片负责人对"村务服务队"的反应速度、处理成效做出客观评价，形成问题上报、处理、反馈、结案的村级事务办理闭环流程。

通过实施"四个一"机制，洋田村村庄治理水平得到明显提升。一方面，筑牢了防线，减少了纠纷。系统、科学地设置监控指标，堵塞"三资"管理各环节的漏洞，提高监管准确性，有利于村级党组织履行党风廉政建设主体责任，堵塞管理漏洞、防范腐败风险，实现集体资产经营和财务管理"零信访、零投诉"。另一方面，促进了团结，推动了治理。村民群众不仅充分发挥了对集体资产的监督作用，还以此为契机参与村务管理，增强村中党群干群互动互信，为工作的开展增强了推力，实现5000多人的大村在3天内对旧改方案表决通过率高达98.23%。

珠海市斗门区白蕉镇虾山村
完善"一村一警"机制 打造平安活力村庄

编者按： 珠海市通过完善"一村一警"机制，提升警务建设信息化水平，有效地发挥驻村警务室在联系村务、治安管理等方面的作用。虾山村警务室建设是珠海市相关工作的典型代表，为所在村重塑村庄治理格局，打造平安活力村庄提供了有力的支撑。

虾山村位于珠海市斗门区白蕉镇西北部，是沿海地区客家文化村之一；总面积为2.6平方千米，其中水稻田500亩、鱼塘1000亩；下辖3个村民小组，有村民272户，共1324人，其中党员49名。虾山村曾在一段时期内土地发包矛盾突出、村务财务管理混乱，被上级确定为"党组织软弱涣散村""信访问题村"。对此，斗门区积极完善"一村一警"机制，推进虾山村警务建设与村"两委"工作深度融合，有效地重塑了村庄治理格局，村容村貌、乡风乡情得到不断改善。近年来，该村被评为"全国乡村治理示范村""广东省民主法治村""广东省卫生村"。

一、建设为民警务室，推进村务警务协同融合

2015年，珠海市实施村居警官工程，在全市317个村（居）全面建立"一村（居）一警"机制和考核激励办法，推进重心下移、警力下沉、保障下倾，强化所在村立体化防控体系建设。与许多地区不同的是，珠海市的"一警"不是指"一名民警（辅警）"，而是指"一个警务室"。驻村（居）警务室根据实际派驻一名或多名民警，治安状况复杂的村（居）最多配备5

名民警。斗门区公安部门针对虾山村实际，选优配强驻村警务力量，推进警务联系村务。

一是协助村"两委"依法履职尽责。 驻村民警按珠海市有关规定，先进入村委会担任助理或者副职，协调村内各项资源，推进基层社会治理工作，会同驻村法律顾问对村内决策把好法律关，加强对村级"小微权力"的管理。2019年，驻村民警按程序兼任村党支部班子成员，定期参与村内事务，协调能力进一步增强。

二是支持村"两委"干事创业。 自2014年村"两委"换届以来，新班子在村支书带领下，从"亮家底"入手，查清欠款，公布拖欠村集体租金的农户清单，要求拖欠者在限期内缴清欠款；积极推进村庄人居环境整治，联合多个职能部门开展违法建筑清拆行动。村"两委"工作符合大多数村民意愿，但也因影响了某些人的既得利益，受到少数人的抵制阻挠甚至不文明对待。对此，驻村民警按照社区警务工作有关规定，用好"情、理、法"武器，积极参与上门入户宣传发动，依法惩处违法乱纪行为，有效推动了村内整治工作的开展。拖欠村集体租金、鱼塘发包争端等历史遗留问题得到了有效解决，大小违章建筑50余间约3600平方米被依法拆除，村庄秩序实现了从乱到治的整体转变，产业发展活力明显增强。2016年，虾山村党支部被评为"广东省先进基层党组织"（见图1）。2019年，虾山村警务室被广东省公安厅授予"岭南标杆警务室"荣誉称号，驻村民警（见图2）被评为"岭南百佳社区民警"。

图 1　虾山村党支部被评为"广东省先进基层党组织"

图 2　虾山村警务室的社区民警集体向媒体亮相

二、建设精勤警务室，推进平安和谐村庄建设

驻村民警积极做好治安巡查、矛盾化解等工作，确保扎根基层、服务基层，维护村庄的和谐稳定。

一是加强治安管理。 驻村民警每周经常性在村内走访，掌握村民是否赌博、村中是否有制假窝点、是否有不明身份的外地人活动、是否有吸毒人员等治安信息，有针对性地采取措施，消除不稳定因素。对小偷小摸、打架滋事等治安案件及时出警，有效打击。近年来，村内发案数较2014年明显下降。

二是加强纠纷调解工作。 学习"枫桥经验"，发挥驻村民警村情熟、"敢讲硬话"的特长，与村干部、人民调解员、法律顾问等其他调解力量优势互补，有效化解村民的纠纷。

三是推动健全村庄治理载体。 设置驻村交通安全劝导站，指导村治安联防队建设，协同村综合治理网格管理，推动村筹措资金安装治安监控设备和建设微型消防站，健全村庄治理载体，切实提升社会风险防范能力。

三、建设智慧警务室，提升驻村民警处警服务效率

在斗门区公安部门统一部署推进下，虾山村警务信息化水平不断提升。

一是完善硬件设施建设。 原有的警务室仅能发挥村（居）治安管理的档案室和执勤民警休息点作用，功能较为单一。信息化改造后，警务室接通公安网终端，使许多原本只能在派出所完成的工作也可在警务室内完成，不仅极大地提升了民警处警效率，而且将警务室升格为派出所的一个基础性平台，推动了警务工作触角向村（居）延伸。

二是开展"智感安防"村（居）建设。 过去，社区民警只能通过人工采集、走访问询、蹲点守候等方式获取人员信息，信息准确性、及时性不足。例如，对村庄出租屋管理，民警和村干部无论如何排查，都难免遇到

错漏和不配合的现象，"往往最后一栋还没有登记完，最初一栋的人员又变动了"，难以适应流动人口日渐增加的防控形势。2018年以来，珠海市通过充分整合视频、门禁、停车场出入口控制等"技防"感知设备，运用大数据、物联网、人工智能、车牌识别等技术，推进全市村（居）实时将人员、车辆出入和图像抓拍的"智感"信息接入社区警务平台的工作，实现对重点人员和车辆的实时预警，为有效管控、精准打击创造了有利条件。驻村民警通过专用手机App可以动态掌握村内可疑人员的活动情况，以及村内可能没登记的暂住人员、车辆流动等警情态势，工作方式由全员统管转变为重点监管，效能得到明显提高。虾山村民普遍反映，自各类技术防范设施设备相继安装以来，安全感得到明显提升。

佛山市禅城区南庄镇紫南村

治理强"三力" 乡村换新颜

编者按：紫南村以问题为导向，加强组织建设，用好管好村级"小微权力"，强化制度执行力和文化感染力，从一个问题落后村转变为一个高颜值的美丽村庄和高素质的文明村庄。

紫南村（见图1）位于佛山市禅城区南庄镇，总面积为5.88平方千米，下辖15个自然村，20个村民小组，有户籍人口6800多人，党员188人，外来暂住人员7200多人。2007年以前，紫南村在集体分红、房屋出租、宅基地管理、环境卫生等方面的历史矛盾和利益纷争突出，被称为"三差四脏五乱"，在南庄镇乃至佛山市远近闻名。2007年后，村"两委"班子以问题为导向，加强组织建设，用好管好村级"小微权力"，强化制度执行力

图1 紫南村水乡风貌一角

和文化感染力，推动了村庄各项事业的全面发展提升。目前，村内引入企业60多家，其中上市公司3家，2018年村集体收入1.15亿元，村民人均分红10800元（为2007年846元的12.7倍）；有省级小学、幼儿园、二甲医院等，公共文化体育设施完善；有1处国家3A级旅游景区。全村建房不超过4层，无出租屋，村民不饲养牲畜，环境整洁美观，既是一个高颜值的美丽村庄，也是一个高素质的文明村庄，得到村民充分认可。目前，外迁村民有八成返迁村内居住。近年来，该村先后被评为"全国民主法治示范村""中国十佳小康村""全国文明村""全国乡村治理示范村"。

一、以优秀村级班子强化治理组织力

火车快不快，全靠车头带。南庄镇委以村党组织书记为重点，在留村及在外经商青年中反复遴选紫南村新班子成员的候选人，对村民动以事业之情，晓以大局之理，确保2007年新班子顺利换届。新班子对股权固化、土地确权、人居环境整治、村民房屋出租等农村改革难题不回避、敢碰"硬"。班子分片包干，反复征求意见，科学拟订方案，书记带头做"钉子户"、纠纷户工作。在决策程序上坚持"四议两公开一监督"，党员、村民代表大会（见图2）决定等制度，依法依规管好用好农村"小微权力"。由于新班子把事关村民切身利益的重大事项交给村民决定，充分尊重了村民在乡村治理中的主体地位，因而极大地激发了村民参与改革、支持改革的热情。2010年以来，紫南村以村民（代表）大会的形式，先后通过"股权固化到户方案""紫南集团章程修正案""村民房屋限制出租方案""紫南生态园土地出租方案"4项重大决议案，同意率分别为83.22%、87.8%、89.96%、98.67%。一次比一次高的通过率在一定程度上反映了村党委越来越高的威信和号召力，也得到了上级的充分肯定。村党委书记潘柱升于2016年和2019年分别荣获"全国优秀共产党员""广东省百名优秀村（居）党组织书记"称号。

图2 紫南村召开党员、村民代表大会，集中民意，集体决策

二、以特色村规民约强化治理推动力

针对村庄"脏、乱、差"问题，紫南村以村规民约为重要抓手，实现以民意促民治，以民治促民生。

一是广纳民意立规矩。紫南村通过反复征求意见，以影响民生最突出、村民反映急迫的事项为重点，订立村规民约300多条。相关内容不求"高大上"，只问村民"乐不乐意""同不同意"，既涉及股权改革、土地确权等大政策，也有禁止出租房屋、禁止乱搭乱建、禁止超高超标建房、禁止饲养牲畜等管理事项，还有不得"打光背"、不得乱扔垃圾、车头一律朝外、鞋子规范摆放等生活细节。由于问题导向突出，民意汇集充分，相关村规民约顺利被党员、村民代表大会通过。

二是激励为先保规矩。紫南村利用集体经济发展收益，建立比较完善、覆盖村民和部分外来人口的福利体系，使老人有养老金，村民子弟如考上大学则有奖学金，村民和辖区企业员工享有二次医保。村党组织以此为契机，领导集体经济组织通过福利分配与遵守村规民约情况挂钩的决议，用制度促使大多数村民认真执行村规民约。

三是公平公正行规矩。针对少数违规村民，村"两委"坚持不懈地做其思想工作。对蛮横不改者，无论他/她是党员干部，还是村民群众，都坚决不退让、不回避，一视同仁，秉公处理。通过村内持续曝光不遵守村规者的不良行为，发动亲友劝说，禁止其参与祭祀、团拜、民俗活动等方式，强化舆论压力，最终有效地维护了村规民约，赢得了村民的信任。

三、以培育仁善文化强化治理凝聚力

紫南村高度重视德治在维护乡村和谐稳定中的教化作用，引导本地人口间、本客人口间相互尊重、相互协作，营造崇德向善的和谐氛围。近年来，多名村民被各级有关部门评为"中国好人""南粤楷模""最美佛山人""禅城好人"。

一是建强阵地，广泛宣传。在当地率先建立"新时代文明实践站"，设立广府家训馆、佛山好人馆、紫南村史馆，在紫南河两岸设置长一万多米的仁善文化长廊，把教育引导、文化熏陶、舆论宣传、实践活动相结合，使村民和外来居民时刻感受到社会主义核心价值观、家训家风、乡愁文化的熏陶。

二是活动引导，树立典型。紫南村每年组织开展孔子诞千人朗诵会，开展"十大孝子""十大好媳妇""十大仁善家庭"等评选活动，在9月28日定期开展美德人物事迹分享会（见图3）。通过系列活动传扬中华传统优秀文化、仁孝故事，用榜样的力量塑造德治秩序，在村中培育学好人、做好人的文明乡风。

图3　紫南村于每年9月28日举行的美德人物事迹分享会

佛山市顺德区陈村镇仙涌村
强化党建引领 推动村庄和谐发展

编者按：仙涌村将"党建引领乡村振兴"转化为守初心、担使命的行动实践，注重聚焦问题，认真找差距、抓落实，同时积极争取各级支持，全力打造让村民看得见、摸得着、感受得到的实惠，解决了历史遗留问题，推动了村庄治理。

仙涌村地处佛山市顺德区陈村镇中部偏东，全村面积为5.2平方千米。全村现有人口6960人，下辖6个村民小组。在端午节举办的草艇拔河比赛（见图1）是当地的一项特色活动。

从2009年开始，随着广佛同城化等重大基础建设的快速推进，仙涌

图1 仙涌村草艇拔河比赛

村 760 多亩土地被征收，原有的耕作模式和农业生态被改变，原有的利益格局相应被打破并引发了一些矛盾纠纷。陈村镇委及时调整配强仙涌村党组织架构，运用党员分层量化积分考核来强化党员队伍管理。仙涌村党委对内运用党组织生活统一党员和村民的思想认识，对外运用党组织联建撬动社会资源，改善民生，凝聚合力；通过镇、村协同，把最基础的党建工作和村居治理做细、做好、做实，相继解决有关的历史问题，仙涌村重新驶入和谐发展快车道。

一、搭建一座桥：做实组织生活，搭建党组织与党员之间的沟通桥梁，激发党员积极参与村务的工作热情

仙涌村党委注重加强党组织建设，把每月的组织生活打造成党组织和党员沟通的平台，并以此统一思想认识、收集意见建议。组织生活除了按要求传达各项精神外，着重向党员通报村内近期重大事项，听取党员日常在开展"双融双促"联系群众时收集的意见和建议。同时，结合主题教育活动"找差距、抓落实"的要求，及时召开"两委"会议，制订处理方案、立行立改。通过党员会议这个平台，一方面，提升了党员对村务工作的关注度和参与度；另一方面，就已解决的问题及时向党员反馈，再由党员向群众传达，逐渐在群众中形成"有困难问题找党员就能够快速解决"的共识。

仙涌村党委坚持落实"三会一课"制度。每月 15 日，各党支部定期在各自片区的党群中心开展党组织生活；每月 15 日后的第一个星期天下午，党委再安排一次党组织会议，给 15 号请假的党员"补课"。另外，对行动不便的老党员，各支部还会把学习资料（包括村的中心工作简报）送到他们手中，并听取他们对村务的意见。同时，不断创新党组织会议的形式，组织年轻党员参观美丽田园建设和村容改貌成果、参加"大巴党校"、到镇党校开展讲座等，让党员更加关心家乡的建设，激发"守初心、担使命"的情怀。

仙涌村党委通过组建"爱心义剪队""电工志愿队"等10多支党员志愿服务队伍，以形式多样、丰富多彩的志愿服务密切党群关系、彰显先锋本色。例如，仙涌村组建的第一支义工队——仙涌村巾帼志愿者服务队，连续4年开展"爱心汤水"项目，一边送汤水、送温暖，一边宣传政策、收集意见、解决实际问题，深受广大村民的好评。

二、结成一张网：创新党组织联建，撬动各方资源，凝聚发展共识，形成发展合力

仙涌村党委通过党组织联建整合资源、改善民生，把最基础的党建工作做细、做好、做实，将"守初心、担使命"落实到为民办实事的生动实践上来。根据上级党委区域化大党建、"村企结对共建乡村"等部署要求，仙涌村党委不断拓宽结对共建网络，目前有联建单位17个，共建项目10个。通过党组织联建撬动社会资源，少花集体资金、多想办法借力，为群众办成了一系列的实事。在主题教育期间，大力发挥党组织联建的力量，从修桥补路、美丽田园建设，到走访慰问、送汤送药，大大提升了党委在群众心目中的形象。又如为了解决村内照明黑点的问题，发动村企结对单位资助，组织电工志愿者施工，不花费村集体一分钱就完成了价值28万元的亮灯工程，为村民照亮道路、带来光明，有效地将"亮灯工程"变成"亮心工程"。

三、高举一面旗：高举文化党建的旗帜，以"耕读传家"项目增强文化自信，构建党员群众广泛参与的社区新格局

仙涌村党委除按要求集中学习研讨外，还创新学习调研的模式，把主题教育放在乡间田头、项目工地，让党员深入到群众中去，共同商议乡村振兴，共同解决实际问题。同时，充分利用当地历史文化资源，以党建抓社会治理创新，以文化凝聚群众合力。大力开展"耕读传家"文化党建项目，以年橘种植耕作技术、仙涌朱子后人历史文化传承为核心，开发教育

警示后人的育人课程，让广大村民重拾遗忘了的历史，增强文化自信，构建党员群众广泛参与的社区新格局。此外，仙涌村党委还修葺活化村内的旧物业，复原传统建筑结构，建成朱子学堂和年橘文化展示馆，把双洲花园旧址活化为大涌（村民小组）党支部的党群服务中心，形成了集党史、党建、仙涌历史和年橘文化于一体的宣传教育阵地。图2为在仙涌村举办的首届陈村镇年橘文化周活动现场。

图2　首届陈村镇年橘文化周活动在仙涌村举办

四、撑起一片天：抢抓机遇、善用资源，撑起高质量发展的新天

仙涌村党委抢抓发展机遇，带领全体村民善用各方资源，积极推动村居高质量发展。

首先，抓住了乡村振兴的机遇，向上级申请了1820万元财政资金，推进美丽田园项目建设。目前已完成3800多米基耕路硬底化、18个棚舍改造、主干河涌清淤、河岸绿化、雕塑景观提升、农户花场小路径提升、亲水平台等项目建设。这些项目改善了农田基础配套设施，丰富了文化旅游资源，成为花卉特色小镇的一个重要组成部分，为发展休闲旅游业奠定了基础。

其次，抓住了村级工业园改造的机遇，把387亩仙涌工业园纳入镇的村改重点项目，为仙涌村产业的转型发展腾出了空间。

最后，抓住了申请村级竞争性扶持资金的机遇。仙涌村党委近4年共申请镇级财政扶持资金673.9万元，完成了道路建设、环境提升等21个民生项目，受到了广大群众的好评，增强了党组织的威信。

韶关市新丰县沙田镇下埔村
支部带头干　治理新气象

> **编者按**：近年来，新丰县沙田镇下埔村坚持党建引领，有效地激发了农民群众共谋共建社会主义新农村的内生动力，走出了一条"没钱也要干，群众就是最可靠的力量"的乡村振兴之路，全村经济社会面貌得到了明显的改善。

下埔村位于韶关市新丰县沙田镇西北部，总面积为19.5平方千米，下辖18个自然村，有户籍人口518户，共2300人，党员44人。该村在一段时期内曾面临基层党组织软弱涣散、村容村貌破落、村民收入低的困难局面。对此，新丰县优化农村"头雁工程"，在下埔村营造村党支部"新风"，带出干群齐心共建新气象。目前，村集体收入从2013年的2.2万元提升至13万元，村民人均收入从2013年的2600元提升至14000元，全村实现"五年零上访"。

一、"头雁"带，新风貌

2013年，县、镇党委加强党建工作，选优配强村党支部班子。下埔村新班子自上任以来，处处做表率，带动全村发展产业，使村的经济社会面貌获得明显改善。

（一）支部带头树形象

村支部坚持"打铁还需自身硬"，做好"三个抓"，切实提升战斗力和凝聚力。

一是抓组织生活。认真贯彻落实党建各项制度，规范组织生活，发扬党内民主，营造风清气正的干事创业环境。

二是抓党员发展。严把党员发展入口关，积极引导"思想好、文化高、有干劲、能干事"的年轻人加入党组织，使党支部成为全村最具朝气、最有能力的组织队伍。

三是抓党员示范。支部书记带头，党员在新农村建设、产业发展上，苦事、难事带头想、带头干，以实际行动争取群众认可，切实强化党支部在各类组织、各项事务中的领导地位。

（二）支部带头干民生

群众生活好，治理才有效。过往村里存在的不少问题，根源上还是农民群众的生活需求没有得到合理的满足。针对村财力弱、人口少、居住散等难题，支部一班人不等不靠、敢想敢干，会同村委会带领全村群众自力更生、一步一个脚印改善村容村貌、民计民生，平均每年干成四五十件实事。

一是积极开展新农村建设。2017年，在上级支持项目还没下达时，村支部就响应广东省委建设社会主义新农村的号召，发动群众"没钱就做没钱的事"。支部书记带领全村党员群众筹工筹劳，冒着酷暑跑遍附近的3个乡镇捡拾石头、上山砍竹子围篱笆，建起"农味"十足的石头"民心墙"、道路、河堤和挡护墙（见图1）。目前，在各级财政支持下，村里投工投劳建成村党建文化广场、党群服务中心等公共场所，实现了环村道路硬底化，为18个村小组安装了300多盏路灯，进行多项水利建设，改善了全村生产生活环境。

图 1　村"两委"干部与村民一起参与村庄建设

二是积极推动经济发展。几年前，下埔村账上只有 1.5 元，举外债 13 万元，一些村民感觉发展无望，频频有寻衅滋事者，社会秩序比较混乱。为扭转被动局面，支部新班子在产业发展方面狠下苦功。经过五年的努力，走出依托生态资源发展的产业振兴之路。目前，全村形成了 2000 多亩水果、蔬菜、药材种植基地，黑山羊、蜜蜂等特色产业初具规模。一些自然村将长期闲置的旧平房改造成为"人民饭堂"，发展农家乐。2018 年至今，全村迎来游客 1200 批次、超过 13 万人次。

三是积极提升村民福利水平。"看病难""就学难"是村民长期的烦心事。村支部配合有关部门做好新建村卫生站，改造下埔小学，兴建一所村级公立幼儿园等工作，协调解决村内用地、用工、报名登记等问题，保障了工程投入使用，令群众舒心放心。村幼儿园创建成为省级"妇女儿童之家"。村支部还通过民主程序，利用村集体经济收入改善农民生活。近年来，村集体每年资助考上大学的困难学生累计8万元，为全村村民购买农村合作医疗保险，村民受益60万元。

（三）支部带头保稳定

村干部在维护基层稳定上做到愿意付出、敢于面对、及时处理。村"两委"在人员安排上注重统筹协调，做到分工不分家，村支书带头保持手机24小时开机，为村民排忧解难；在程序上规范工作流程，高标准、严要求制作调解卷宗（见图2），既利于结果执行，有效防止悔约反复，又为今后同类纠纷的调解提供了现实参考。近年来，该村40多宗与宗族、家庭、婚姻、土地、邻里等有关的矛盾纠纷都在村内得了妥善的化解，实现了"小事不出组、大事不出村"的良好局面。

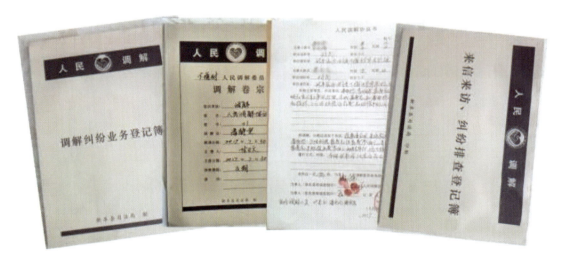

图2 下埔村规范的矛盾纠纷调解卷宗

二、抓"头雁"，见长效

新丰县总结下埔等村的经验，自 2018 年以来探索建立并全面推行"县把关、镇任免、党员群众推荐"的村级党组织书记县级备案管理制度，提高村级党组织书记规范化管理水平，为农村基层长效治理夯实组织基础。

（一）条目管理，科学细化档案建档工作

新丰县制定出台《新丰县村级党组织书记县级备案管理实施办法》，明确备案管理对象、备案管理内容、档案管理要求和有关工作纪律。县委组织部统一标准要求，明确填写履历表、收集档案材料、审核鉴别、整理归档 4 个建档程序，区分履历材料、自传材料、考核材料等 10 大归档类别，并实行动态管理。现已全面完成全县 157 个村级党组织书记人事档案的建档工作，并将 44 个村级党组织书记持有的 61 本因私出国（境）证件统一交由县委组织部保管。

（二）精准施策，高质量开展年度集中轮训

将村级党组织书记年度轮训、储备人选培训纳入全县规划。通过"走出去请进来"、"百人讲师团"送课下乡、党校集中轮训等方式，对全县村级党组织书记及储备人选开展基层党建、法律法规和村务管理等内容的培训，不断提升村级党组织书记发展村集体经济、服务群众和推动乡村振兴发展的能力。

（三）双管齐下，推动"头雁"队伍全面进步

对村级党组织书记履职情况进行全面摸查，先后撤换"四不"村党组织书记 8 人、清理"三类干部"6 人。按照不低于 1∶2 的比例，重点从带富能力强的村民、复员退伍军人、外出务工经商人员、村医村教、返乡大学生等党员中选出党组织书记储备人选，并建立培养名册，先后投入 20 多万元，采取"专人帮带""压岗锻炼"等方式加强跟踪培养。自县级备案管理制度实施以来，共有 35 名储备人选进入村"两委"干部队伍，其中 16 名村级党组织书记储备人选当选村党组织书记并实现"三个职位一肩挑"。

韶关市南雄市湖口镇湖口村

党建带"六社" 治理"两难"显身手

编者按：湖口村以"三变"改革为核心，以"一会六社"为载体，走出主要依靠挖潜增能的发展新路，"住房难""增收难"这两个群众反映强烈的治理难题得到了明显缓解。

湖口村位于韶关市南雄市湖口镇，邻近镇政府和省道S342线、县道X342线，交通便利。全村总面积约7.4平方千米，其中耕地5820亩，约占总面积的52%。该村下辖22个村民小组，共1552户5498人，按居住情况形成5个自然村，有三分之一的劳动力外出务工。由于缺乏统筹，一段时期内村庄建设乱、部分家庭住房难、村集体收入少、村民收入增长慢，群众对现状不满，矛盾纠纷多发，基层党组织威信受到严重影响。自2018年起，该村借鉴外地"三变改革五大合作"的经验，以党建为引领，"三变"改革为核心，以"一会六社"为载体，走出主要依靠挖潜增能的发展新路，"住房难""增收难"这两个群众反映强烈的治理难题得到明显缓解，党组织号召力、凝聚力明显增强，村庄治理格局得到稳固。

一、强化党建抓手，建"一会"推"三变"强合力

实践证明，"三变"改革是挖掘集体经济潜力，推进村民抱团发展的有效举措，而获得村民充分的支持则是成功的关键。村"两委"经认真分析后认为，之前治理举措推动难是因为人员少、群众发动不足。为广泛凝聚改革共识，村"两委"以推动自然村一级成立党群理事会为抓手，强化组

级党组织的号召力。理事会会长由所在自然村（片区）党组织负责人担任，成员由经济社负责人、村民小组干部、村各类人士组成，在代表性、号召力、组织能力等方面形成最优组合。理事会按照村"两委"关于"三变"改革的决议，负责发动所在区域的村民组织，协助经济社按程序落实改革举措。会长定期向村党组织汇报工作，确保改革在村党组织领导下得到有序的推进。为积累经验，减少阻力，理事会的建立和改革的开展均采取试点先行的方式，选择基础好、民心齐的张屋自然村首先开展。该村还通过邀请南雄市领导授牌（见图1）、依托主流媒体广泛宣传、多次组织各小组村民到试点村参观交流等方式，较好地坚定了村民的信心。目前，改革已在全村展开。

图1 南雄市领导为张屋自然村"三变"改革有关合作社揭牌

二、聚焦发展难题，建"五社"谋增收促团结

村"两委"、党群理事会针对本村土地、生态、劳动力资源丰富的优

势，以党员、先进分子为牵头人，广泛发动群众成立"4个股份合作社+1个专业合作社"，引导资源向主导产业集聚，推进规模发展、三产融合。在此过程中，群众以经济合作增强了利益联结，强化了治理联系，参与村务民主管理的积极性和协商互让的意识明显增强。而村"两委"以"社"为治理单元，有效地推动了一些社员矛盾纠纷的化解，为进一步破解宅基地争端等治理难题夯实了基础。

（一）发展生态产业

一是组建集体资产股份合作社。把村集体的财产、土地、山林等资源性、经营性、非经营性资产折算为股份，分配给全体村民，参加集体收益分配。"三变"的土地升值部分由村组集体经济组织留存，用于推动村庄长远发展。

二是组建旅游股份合作社。恢复湖口张屋墟场古貌，开设农家乐体验点，延续昔日"逢墟打中火"的风俗，开展全域旅游和民宿游。

（二）发展特色种养业

一是组建土地股份合作社。村民以土地承包经营权入股，对入股的土地实行保底分红。土地股份合作社统筹土地经营权，集中开展土地整治，统一对外流转，提升土地效益。据初步测算，土地入股后，打破田埂地界，可利用的土地面积有所增加，每亩旱坡地的租金由每年50元增至100元，水田由300元增至400元。这两类土地的分红标准分别为利润的10%和15%，使全村每年土地租金和保底分红收入达17万元。

二是依托特色产业建立专业合作社。湖口村根据本地实际，谋划发展马家柚、阳光玫瑰葡萄、中草药、小龙虾4个种养产业。其中，围绕中草药发展建立众田中草药种植专业合作社，从村土地股份合作社流转土地5000余亩，首期建立中草药基地3100多亩，预计2020年中草药收入达300多万元。该中草药基地还承接精准扶贫工作，先后共吸收扶贫产业发展资金955万元，固定保底分红收益达投资额的10%，其中8%的收益按照贫困户资金投入情况进行分红，2%的收益为村集体土地入股进行分红。接下来，该村将推动打造万亩中草药基地，开展中药材深加工和延伸产品的深层次开发，建设集特色中草药种植、观光科普、采摘游玩、养生于一体的现代化农业产业园。其他3个产业也将按"合作社+基地"模式发展，预计2020年村、组两级集体经济增收近70万元，2021年增收达100万元。图2为湖口村整合资源形成的种植基地。

图2　湖口村整合资源形成的种植基地

（三）发展就业服务

湖口村组建劳务股份合作社，承揽和介绍村民从事农业生产劳动、物业管理、劳务输出、保洁、保安、绿化养护等劳务活动。对本村及附近村劳动力贫困户和剩余劳动力人员进行全面登记造册，组织其参与劳动技能培训。本村产业基地劳务用工统一由合作社派遣，使农户获得"租金+薪金+土地分红（+扶贫资金分红）"的"3（4）+"收益，推动农民"转地不转业、离土不离乡"。

三、推进集体建设用地集约利用，着力破解住房难题

利用经济初步发展，村民的合作意愿得到了极大的提高的有利契机，村"两委"强化宣传发动，着力破解农民居住难题。近两年来，村民纠纷矛盾明显减少。

（一）积极盘活利用集体建设用地

党群理事会在广泛征求全体村民意见的基础上，对破残损毁、濒临坍塌的祖屋进行改造建设，开展"三清三拆三整治"工作。在顺利完成整治专项工作并通过上级有关部门验收后，湖口村形成了一批农用地和建设用地。根据村民意愿和地块性质、分布、地力等实际，农用地主要用于产业基地、绿化建设，建设用地则用于集资兴建首期17层高的农民公寓1栋、孔子文化广场1处。

（二）组建置业股份合作社

户籍在本村的农民，以基本平均持股为原则，实行限额入股，置业换新居。合作社引导村民进入村农民公寓集中居住，或通过自愿调整提高原有农房利用效率。

河源市连平县忠信镇司前村
传承家训文化　推动客家古村新治理

> **编者按**：司前村针对客家古村村情民情实际，坚持发挥农民主体作用，在乡村治理中融入"吴氏家训"文化元素，推动优秀传统文化与新时代核心价值观深度融合，形成风清气顺、文明和谐的良好治理局面。

司前村位于河源市连平县忠信镇东南部，是元末明初江西客家人为避战乱迁居当地而形成的古村。该村现辖区面积约 2 平方千米，有村民 329 户 1700 多人，主要为吴姓，依托始建于明洪武年间的古围寨，形成了 7 个自然村。该村在推进乡村振兴中，以践行家训为重要载体，推动优秀传统文化与新时代核心价值观深度融合，有效凝聚治理合力。近 9 年来，全村没有发生过一起群众上访或刑事犯罪案件，先后获得"全国乡村治理示范村""全国文明村""广东省民主法治示范村""广东省宜居示范村""广东省卫生村"称号，呈现出风清气顺、文明和谐的良好局面。

一、大小结合，推动传统文化转变为现代治理资源

百余年来，以"一厚伦理，二尊王法，三救急难，四和乡里，五勤本业，六莫非为，七周贫乏，八谨祭祀"为内容的"吴氏家训"一直在村内得到传承。由于该村是广东省首批非物质文化遗产"忠信花灯"的发源地，每年农历正月十三到十八期间，村里会挂花灯、摆暖灯宴，全村男女老少都会参加。村中有威望的老人会借此机会宣讲家训，对村内的一些纠纷评

理释怨,敦促和睦。村干部吴俊锋对《南方日报》记者说:"家训还是管用的。"近年来,为用好用活"重家训"这一文化传统,村"两委"组织建构家训体系,推动核心价值观与传统优秀文化深度融合,为村庄振兴提供文化指引。

一是积极修订"大家训"。司前村族群稳定,村家共融的宗族社会特征明显。村"两委"结合广东省新农村建设要求,组织做好村规民约这一全体村民家训的修订工作。为便于村民接受,新村规民约既坚持了党的领导、治安管理、环境卫生等新时代价值,也保留了传统家训文辞表述上的一些特点及对民俗文化、邻里关系、婚姻家庭的合理要求,对传统家训的封建糟粕则坚决予以剔除。图1为镌刻在司前村"两委"办公楼前的"吴氏家训"。

二是广泛制订"小家规"。村"两委"向每户村民赠送《家训》一书,让每个家庭品读全市各家的好家训,倡导和谐、文明新风尚。该村引导村民以户为单位制订家规家约,将分户、承包、分红等方面的村民纠纷融入户内解决。通过与时俱进地赋予家训新的内容和形式,司前村使家训这一传统文化适应了现代治理要求,为凝心聚力丰富了载体。

图1 镌刻在司前村"两委"办公楼前的"吴氏家训"

二、学用结合,以优良家风带民风促乡风

司前村通过教育引导和实践养成相结合的方式,大力弘扬优秀家训精神,不断强化村庄治理软实力。

一是进课堂。 把家训引入小学课堂,引导小学生谈村规家训,每年组织开展家训文化征文比赛,引导他们积极向上、崇德向善。

二是出榜样。 司前村每年组织开展"文明户""平安家庭""双学双比女能手""好母亲""好孩子"等创优争先活动,从助人为乐、见义勇为、孝老爱亲3个方面评选出年度模范,大力挖掘、宣传村民身边的感人事迹和崇高品质,在全村上下营造比学赶超的浓厚氛围。

三是拓载体。 司前村将家训牌匾永久挂在村祠堂最醒目的位置,建起了文化广场、灯光球场、农家书屋,建成了家训文化长廊等文化场所,组建了村广场舞蹈队、舞龙队、舞狮队、篮球队、乒乓球队等,经常开展群众性的文体活动。该村承办了10届广东连平忠信花灯节和2届河源市忠信花灯民俗文化节,使家训文化、花灯文化成为当地风俗民情游及客家文化的旅游品牌。在群众唱、跳、说、看的过程中,村规家训潜移默化的熏陶作用日渐显现。一方面,实现移风易俗。例如,该村传统的上花灯仪式(见图2)以前只为族人添男丁而设,但现在已拓展至生儿育女、参军入学、建房娶媳等方面,体现出和谐多元的价值取向。另一方面,巩固了村民团结发展的共识。近年来,村民自觉参与精品示范村创建工作,完成"三清理、三拆除"工作,清理、拆除破旧房屋1600平方米;顺利通过盘活集体资源的村内决议,建设水电站等一批项目,与温氏集团公司开展合作,实现村集体经济年收入达12万元以上。

图 2 司前村村民喜庆上灯

三、党群结合,推动村规家训的有效落实

司前村将家训文化建设纳入自治、法治、德治相结合的乡村治理体系,强化组织引领,确保坚持正确的政治方向。

一是发挥党组织的战斗堡垒作用。村党支部在村规民约制定、落实上都坚持发挥主导、主动、主力作用。全村 65 名党员成立党员志愿服务小组,对村民生老病死等"难事",及时上门提供服务;对矛盾纠纷等"急事",及时上门调解。通过用实际行动诠释家训,引导村民自觉听党话、感党恩、跟党走。

二是发挥群众组织作用。村"两委"发动村中有威望、有能力的党员群众成立"村务理事会""妇女禁赌禁毒会""同龄会"等群众组织,在协助村"两委"宣传政策、化解矛盾、解难济困、端正社会风气等事务上发挥积极作用。据不完全统计,近年来,有关组织调解民事纠纷 39 宗。

梅州市梅县区松口镇大黄村
喊响"跟我上" 强党建促发展

> **编者按**：梅州市梅县区松口镇大黄村坚持党建促发展，健全议事决策制度，探索"党组织＋专业合作社＋公司＋农户"模式，推动金柚主导产业，构建"村党组织负责、村自治组织协同、群众参与、法治保障"的共建共治共享乡村治理新格局，有效地提升了乡村治理水平。

梅州市梅县区松口镇大黄村总面积约 10 平方千米，辖 19 个村民小组；有村民 550 户，共 2157 人，其中党员 100 人。该村过去一度赌博风气严重。近年来，该村新班子坚持强党建促发展，党组织在村庄各项事业中喊响"跟我上"，通过"头雁"带动，实现"问题村"向当地经济社会发展的"明星村"转变。该村先后荣获"中国传统村落""中国美丽乡村示范点""全国一村一品示范村""全国乡村治理示范村"等荣誉。在首届"中国农民丰收节"，大黄村成为广东省 6 个分会场之一。村集体经济年收入连续 4 年达 25 万元以上，村民人均年收入 2.8 万元以上。

一、建强班子"火车头"，对服务群众喊响"跟我上"

大黄村大力实施"头雁工程"，制定规范党组织运作、权责清单和基层党支部 20 项党建工作清单，健全与村委会"两联席"会议制度，形成重大事项"八步走"的规范议事决策流程（见图 1）。完善党务村务公开制度，设立党务村务公开长廊和政务公开栏，建成大黄村门户网站和微信公众号，党员开展亮身份、晒承诺活动，通过多种渠道加强党务村务公开，接受村民监督。针对村民关心急需的民生服务，高标准建设集公共服务平台、办公场所、活动场所于一体的党群服务中心，由党员干部牵头抓服务、搞代办。通过规范化建设和深入群众的扎实服务，村党组织的凝聚力和战斗力明显增强，获得群众和上级的充分认可。2018年，村党支部经批准升格为党委。

图1　大黄村议事决策"八步走"流程

二、建强工作"好帮手"，对营造新风喊响"跟我上"

村党组织牵头成立由党员、群众、退休干部等9人组成的村民理事会，作为党建推动和群众参与的有效载体，负责对村级各项决策建言献策和落实监督。村党组织坚持对村民理事会工作加强领导，坚持发挥党员成员在理事会中的先锋带动作用。近年来，村党组织和村民理事会共同制定《大黄村建设美丽乡村村规民约》《村民卫生公约》《大黄村村风民约》，引导村民在茶余饭后远离打扑克、打麻将等不健康的生活方式。村民理事会推动人居环境整治，动员全村村民、外出各类人士参与家乡建设，筹资建成中心广场，并对村主干道进行水泥硬底化、亮化、绿化。利用村民的农闲时间，逐户上门宣传政策方针。巡查时，制止个别村民的不文明、不卫生行为。村民逐渐注重环境保护，建设生态家园的意识明显提高，村容村貌得到大幅改善。大力推广传承孝慈文化，连续五年开展"八好"（好公公、好婆婆、好父亲、好母亲、好丈夫、好媳妇、好儿女、卫生模范家庭）评比活动，睦邻而处、孝亲感恩、文明礼貌的良好村风民风正逐步形成。

三、建强发展"大平台"，对干事创业喊响"跟我上"

村党组织将带动产业发展作为向群众"展能力、树形象"的重要方式和扭转好赌懒散不良治理局面的有效抓手。

一是做强发展主体。2013年，村党组织牵头注册成立大黄实业发展有限公司和金柚专业合作社联合社，集约33户金柚种植大户和36家金柚专业合作社入股资金1000多万元，抱团发展，一举打响规模化、集约化的"大黄金柚"产业品牌。公司章程规定每年拿出8%的利润作为村集体经济收入。一年后，凭借旗下的农资超市、金柚销售，实现了300多万元的盈利。

二是做强产业载体。村党组织带领村民群众"小富不安"，以力争上游的不屈不挠精神积极拓展载体，谋划更大的发展格局。2015年，在大黄村的争取下，梅县金柚产业园（见图2）项目落户该村，不仅一举打破了柚果产业仓储瓶颈，还奠定了其产业主导地位。从此，大黄村的金柚产业发展驶入"高速路"：2019年，流转销售1.5亿多斤①柚果，累计产值达3.5亿多元，带动劳动力就业1000多人。"梅州的柚价梅县定，梅县的柚价松口定，松口的柚价大黄定"，这句顺口溜也彰显了大黄村金柚"吞吐港"的市场地位。

三是做强金融支撑。村党组织书记以村金柚产业潜力、党组织战斗力为保证，多次到客家村镇银行大黄村服务点联系洽谈，终于成功争取该行向大黄村村民提供信用贷款产品。该产品通过"三户联保"发放免

---

① 1斤=0.5千克。

抵押贷款，最高可贷款 15 万元，能较好地缓解村民入行创业难题，深受欢迎。该行至今向村民发放贷款 1 亿多元，未发生一例违约，村庄金融信用评级得到不断提升。通过探索"党组织+专业合作社+公司+农户"模式，大黄村不仅成为远近闻名的金柚产业"亿元村"，更重要的是让原先一些以赌为乐、等扶要帮的村民看到了希望，激发了"我也行"的干事主动性，村内不良习气被一扫而空，全村在"文明村""信用村""富强村"的治理大道上不断前行。

图 2 梅县区（大黄）金柚产业园全景

惠州市惠阳区良井镇霞角村
以"法律顾问+"推进法治乡村建设

> **编者按：** 霞角村进一步完善驻村法律顾问制度，建立"法律顾问+"联动法律服务机制，融合村"两委"、社工、律所、驻村民警力量推进法德共建，在化解矛盾纠纷、建设法治乡村中发挥了积极作用。

霞角村位于惠州市惠阳区良井镇西部，面积为3.5平方千米，共有735户2559人。针对村民法治观念淡薄、邻里纠纷多等治理难题，霞角村较早推行法律顾问制度，在规范村务管理、推进法德共建方面取得积极成效。在此基础上，该村进一步探索"法律顾问+社工+驻村民警"联动法律服务机制，融合多方力量推进法德共建，为完善"一村（居）一法律顾问"制度提供了有益经验。据不完全统计，法律顾问自进驻以来，开展法律服务500余次，提供法律咨询1000余次、法律专业意见500多条，为10多人次提供法律援助。近年来，该村先后被评为"全国民主法治示范村""全国乡村治理示范村""广东省宜居示范村庄"。广东省司法厅将该村确定为2019年全省公共法律服务推进会现场考察点。

一、坚持"法律顾问+村'两委'"，推进村务管理规范化

霞角村高度重视法律顾问既有专业知识又熟悉驻村实际的优势，坚持聘请法律顾问担任村法制副主任，在村"两委"办公楼为其开设专门办公室，让法律顾问有名分、有条件发挥法治把关作用。

一是当好村务管理参谋。 法律顾问为村维稳、法制宣传、发展规划等

事务提供全面的法律服务。在村规民约的修订中,法律顾问积极提供协助起草、条文审核等服务,确保制定程序和内容合法易行。在村建立新良井电商服务中心、引进农业农旅企业等重大项目中,法律顾问全程参与,为项目谈判、签订合同提出专业法律意见,有效地维护了村民的合法权益。

二是培育"法治带头人"。该村依托村级党校,由法律顾问牵头制订村"两委"干部、村民小组长等"领头雁"年度法治培训计划,每月开展至少一次培训或讲座(见图1),把"领头雁"培育成"法治带头人"。在法律顾问的积极参与下,村干部法治意识明显增强,村务管理方式实现由"拍脑袋"干事向依法决策转变。

图1 霞角村开展宪法知识讲座

二、探索"法律顾问+社工",推进法律服务常态化

根据规定,法律顾问每月应到驻点村实地服务不少于8小时,但法律顾问"在村无事,出村有事"的供需不平衡现象时有发生。为提高法律顾问

的工作效能，当地充分发挥技术和社会力量作用，打造驻村法律服务常态化机制。

一是强化社工中介服务作用。 村建立社工服务站，聘请专业社工人员每日驻村服务。法律顾问和社工共同制订"家访"计划，加大"一户一法律明白人"培养力度。法律顾问在驻村时，与社工重点走访、宣教有威信、具备一定法治观念的村民，将其培养成"法律明白人"。法律顾问不在村时，社工结合日常访民串户工作，协助收集村民的咨询和服务需求，并及时向法律顾问反馈。法律顾问针对反馈情况，采取面对面集中解答、紧急事务电话解答等方式，有效地提高了服务的精准性和时效性。至今，全村已培养"法律明白人"100多人，使他们成为了带动身边的亲人、邻居懂法用法的重要力量。

二是建立"村所对接"云平台。 针对农村涉法事务多，对驻村法律顾问专业领域要求高的问题，惠州市建设公共法律服务云平台，在律所、村开通专网，设置网络终端机。驻村法律顾问对不擅长、不熟悉的法律问题，可通过平台向所在律所或全市驻村法律顾问呼叫求援。村民也可在法律顾问不在村时，通过平台向其咨询，其便利性获得村民的普遍好评。

三是开展渗透式普法。 法律顾问协助开展依法治校示范创建活动，定期深入学校开办法德大讲堂，把青少年法治意识的养成摆在突出位置。法德大讲堂至今已举办50余场，听众达2000余人次。此外，法律顾问还会同社工开展群众普法，在村文化活动中心建立法治图书角，举办多场读书分享活动，吸引500多人次参与；以节假日法律咨询、发放宣传资料、猜法治灯谜等方式，以典故释法、以案说法，提高普法生动性。在开展宣教过程中，法律顾问注重以法治为准、德治为基，将社会主义法治理念与社会主义核心价值观、霞角村祖训相结合，推进法、理、情相融，培养崇法崇善的文明新人。在此导向下，村在读大学生寒暑假都会在村文化中心举办各类培训班，为村内小孩免费提供教学。

三、探索"法律顾问＋民警",提高纠纷化解的实效性

针对一些村民存在轻视甚至对法律顾问不文明的现象,惠州市充分利用警察在群众中的威信地位,大力推进"律警对接""文武结合",提高矛盾纠纷化解效能。目前,霞角村已全面开展有关工作。

一是建立工作联系制度。要求驻村民(辅)警每周至少3天在所驻村镇守,每周至少1次与驻村法律顾问一同入村走访(进家庭、进学校、进企业)。每周根据情况安排一个工作日作为固定调解日或免费咨询日,有案则调解,无案则由驻村民警和法律顾问为村民免费提供法律意见。

二是建立定期述职报告制度。驻村民警、法律顾问原则上每半年开展一次工作考核,定期向司法信访局、派出所、村委会总结汇报,并向村小组代表及不少于5名群众代表开展述职,强化工作监督。霞角村在由法律顾问、村干部、驻村民警、社工等组成的工作团队的共同努力下,调解矛盾纠纷30多宗,推动"小事不出村、矛盾不上交"。例如,2019年12月18日,驻霞角村法律顾问成功调解老人赡养纠纷,并促使当事人签订协议书(见图2)。

图2 2019年12月18日,驻霞角村法律顾问成功调解老人赡养纠纷,并促使当事人签订协议书

惠州市惠阳区秋长街道周田村
以德为先　和谐周田

> **编者按**：周田村将道德建设作为乡村治理现代化的内核，完善软硬基础设施，有力地服务党的建设，推动"三治融合"，在探索"以德为先"的乡村善治之路上取得积极进展，农民精神面貌得到明显改善，乡村文明焕发新气象。

周田村位于惠州市惠阳区秋长街道北部，总面积为6.8平方千米，下辖14个村民小组，共515户2162人，是传统的农业村。周田村历史悠久，是叶挺将军、"吉隆坡王"叶亚来的故乡，具有深厚的红色、华侨、客家等文化基因。周田村立足本地文化资源特色，做实德治载体，强化德治对党建、自治、法治的服务涵养作用，在探索"以德为先"的乡村善治之路上取得积极进展。村庄经济社会焕发新气象，农民精神面貌得到明显改善。

一、传承"红色"文化，发挥德治对党建的服务作用

周田村积极挖掘红色资源的丰富内涵，打造以"党建+红色文物"为核心的红色文化文明示范片，大力推动红色教育和红色产业发展。

一是强化红色阵地建设。 将体现社会主义核心价值观的红色遗址遗迹串点成线，辐射带动，形成培育和弘扬社会主义核心价值观的新阵地。目前，周田村已组织成立"周田古驿道筹建小组"，投入40万元实施乌石鼓古驿道修复工程，同步建设驿道党建宣传点；投入27万元用于古树公园党建文化软硬件建设，构筑特色党建文化长廊，将红色文化丰富的内涵和实

践要求充分融入农村思想教育、道德建设、科学普及、继续教育、生活娱乐等方面。目前，以"叶挺纪念园—古树公园—红军小学"为主线的红色文化宣教区块已初步成形。2019年，该村还将区级文物保护单位"凤吉楼"修缮为党群服务中心，进一步拉近群众与红色文化的观感距离。

二是推动红色资源共建共享。村党组织将发掘利用红色资源作为"内强素质，外推发展"的重要抓手，将红色资源融入培训课堂，打造具有周田特色的党课教学模式，达到既育人又律己的明显效果。2019年，仅叶挺纪念园就承接内外干部培训110万人次。此外，该村党组织还邀请秋长街道党员干部到村内重温入党誓词，走进客家围屋乡间课堂——"秋月书院"举办红色大讲堂党课培训。村支部在共建共享中营造了浓厚的红色教育学习氛围，村党员既做宣讲员又做学员，党建理论水平和实践能力得到了明显的提升。

二、培育合作文化，发挥德治对自治的涵养作用

周田村是传统农业村，因区位较偏、经营规模较小，过往村民人均收入仅约11000元。近年来，周田村贯彻落实习近平总书记"绿水青山就是金山银山"的重要指示精神，在村民当中积极营造合作共赢的文化氛围，助力村庄生态产业发展。为此，在村"两委"的支持下，周田村成立了周田公益促进会，充分发挥老党员、老干部、各类人士在整合集体资源、开展人居环境整治中的模范带头作用。促进会成员通过游说身边人、评说周边事、宣讲新时政等方式，激发村民互谅互让、守望相助、共谋共建的主动协作精神。对参与公益积极、牺牲小我突出的村民，村"两委"在推荐表彰、申报政策等方面予以倾斜。在组织发动、榜样带动、政策引导和村民磨合的共同作用下，村庄集体合力日渐增强。在相关村民主动调地、筹劳和村民代表积极参与议事的情况下，村集体经济组织与专业文化传媒公司打造的客家民俗文化街、占地100亩的冷杉周田花海影视基地（见图1）等多个项目顺利落地，总投资额达3.2亿元，为当地发展文化旅游、影视制

作、农耕研学等绿色产业，美化村庄环境，壮大集体经济夯实了基础。在新冠肺炎疫情防控期间，周田村许多党员和村民群众自愿奔赴到防疫前线，轮班防护，确保村庄设卡检测、人员排查、清洗消毒等工作始终落实到位，无事故发生。

图1　冷杉周田花海影视基地开园仪式

三、弘扬"好人"文化，发挥德治对法治的协同作用

徒法不足以自行。周田村高度重视人在践行法治中的能动作用，积极培育关心公益、遵守规则的新时代好人，为"三治"融合夯实基础。

一是开展好人选树活动。自2016年起，周田村已举办三届"周田好人"表彰大会（见图2），表彰在勤劳致富、捐资助学、孝敬老人、遵守法纪方面表现突出的村民100多人。2019年，该村在古树公园旁一条村民游客骑行、慢行较多的绿道上，打造"好人绿道"，在路旁树立"中国好人"张宋、"广东好人"吴惠娇、"惠州好人"张奇昌等47名惠阳籍好人的资料牌，传递榜样力量。

二是推行"网格+律警"治理机制。在村、组两级分别建立大小网格，实行村庄治安、人居环境整治、禁毒等"多网合一"，层层细分，压实治理责任。驻村法律顾问、驻村民警参与网格治理。法律顾问每月至少下村一次为村民提供法律宣讲，多次为集体经济组织分红纠纷提供法律咨询服务，审核村对外经济合同。驻村民警及时介入村民的纠纷，及时化解矛盾，进一步改善农村治安环境。

图 2　"周田好人"评选表彰活动

东莞市凤岗镇雁田村
完善议事协商机制　共创和谐善治乡村

> **编者按**：雁田村针对村集体经济体量庞大、本地人口与外地人口结构倒挂、驻村（社区）企业组织繁多等导致的利益诉求多元化问题，建立村党工委领导、村委会负责、各类协商主体共同参与的协商工作机制，因地制宜地开展协商工作，初步形成了议事主体广泛、内容丰富、形式多样、程序科学、制度健全、成效显著的城乡社区协商工作局面，不断增强群众的获得感、幸福感。

凤岗镇雁田村（见图1）位于东莞市最南端，总面积为24平方千米。雁田立村迄今有近600年的历史，下辖9个自然村，现有常住人口4000多人，外来人口10余万人。全村拥有外资、港台资、加工贸易及各类民营企业600多家，商铺2000多家。多年来，雁田村的村组资产总量一直稳居全市第一名。2019年，该村集体总收入达3.83亿元，总资产达37.2亿元。针对村集体经济体量庞大、本地人口与外地人口结构倒挂、驻村（社区）企业组织繁多等导致的利益诉求多元化问题，该村在上级党委、政府领导下，建立村党工委领导、村委会负责、各类协商主体共同参与的协商工作机制，因地制宜地开展协商工作，初步形成了议事主体广泛、内容丰富、形式多样、程序科学、制度健全、成效显著的城乡社区协商工作局面，不断增强群众的获得感、幸福感。该村2017年荣获"全国文明村"称号，2019年入选"全国乡村治理示范村"名单（见图2）。

完善议事协商机制　共创和谐善治乡村

图1　高度城镇化的雁田村

图2　凤岗镇委在雁田村举行"全国乡村治理示范村"揭牌仪式

一、搭建协商平台，推动便民协商

雁田村依托党群服务中心、党代表工作室、人大代表工作室等平台，设立村民议事厅，将其作为协商活动的主阵地，灵活开展多种形式的社区协商。

一是建立"社区理事"制和"一事一议"制。 聘请村民代表、外来居民代表、驻村单位代表为社区理事，定期提出提案、开展协商。

二是开展"邀约式协商"。 通过社区党群联席会议、村民议事会、民情恳谈会等不同形式，邀请人大代表、公安交警、村（居）民代表、物业代表、社会学专家等多方主体进行协商，解决群众反映强烈、迫切要求解决的实际困难和矛盾纠纷。

三是引入"互联网+协商"平台。 充分利用互联网、QQ、微信、微博等现代媒体和网上平台，畅通民主协商渠道，推动社区协商与信息化融合。

四是开展"说事协商日"活动。 结合领导驻点联系群众、社区法律顾问驻村提供法律咨询等工作，定期在社区有关工作室说事理事，听取基层群众意见建议，拓展民主协商渠道，构建有序参与、平等议事、凝聚共识的良好局面。

二、规范协商程序，推动有序协商

一是加强工作保障。 村"两委"保障协商场地和经费，指导成立协商组织，发挥由有专长、有职称党员组成的"红色智囊团"作用。

二是明确协商内容。 制定"协商议事六步法"和"五议五不议"规则，科学界定协商内容，把关乎群众切身利益、党委政府高度重视的热点问题和重点工作纳入民主协商范围，组织相关利益群体参与协商，积极推动多方参与社区治理。

三是推动结果落地。 通过开设协商公开栏，村干部、理事专家牵头调研调解，摸清群众需求，引导村民减少争议，加强合作。

三、加强组织领导，推动有效协商

东莞市加强对社区协商工作的指导，确保协商议事议得好、做得了，提高社会公信力和群众参与的积极性。

一是加强能力建设。 分片区对各镇街组织、民政、农业等部门工作人员，以及村（社区）干部、社区工作者、参与协商单位负责人进行交流培训，提高基层干部组织协商的能力和水平。

二是强化督促指导。 将城乡社区协商工作开展情况纳入村（社区）"两委"班子工作年度考核目标、党工委书记基层党建述职报告以及任期民主评议内容，增强基层干部开展城乡社区协商工作的责任感和主动性。建立城乡社区协商长效督导机制，定期对基层民主协商工作进行指导，固强补弱，推动协商工作持续健康发展。

三是扩大宣传推广。 组织村（社区）充分利用党务村（居）务公开栏、财务公开栏、农村党风廉政信息平台、"东莞村财"App 等平台载体，加大对城乡社区协商政策的宣传和推广，帮助居民和其他协商主体掌握协商政策并有效运用协商程序，营造良好的工作氛围，持续提升社区协商的参与度和影响力。

通过协商治理，推动全村经济、社会、文化建设同步发展。

一是推动富民兴村。 争取达成村民用地用钱共识，以产业发展为引擎，先后引进天安数码城、京东智谷等重大项目落户，两个项目全部建成投产后，预计每年创造约 580 亿元产值、45 亿元税收，并将吸引大批优质企业和高素质创新人才。

二是推动平安稳村。 通过民主协商，推动干群面对面交流，宣传政策法规，掌握社情民意，解决实际问题。据统计，仅 2019 年，村党代表和村干部就走访村民 904 户，走访工商个体户 2485 户，收集各类意见建议 183 条。在此基础上，雁田村依托综合治理服务平台建设，畅通矛盾排查调处渠道，2019 年受理纠纷 329 宗，涉及村民 740 人，调解成功率达 100%。

三是推动环境美村。 该村以产业反哺乡村,以环境招引产业,通过科学规划,建改结合,全面提升乡村治理品质。例如,该村投入1500万元建成楠木岭休闲公园,并利用"插花地"建成10个街心小公园;投入1050万元对村内主干道路面铺设翻新,美化亮化地标建筑物,进一步优化道路出行环境;投入6800万元对雁湖公园后半山全面升级改造,并将投入近3亿元改造下半山,配套建设党群服务中心、体育馆、活动中心,改造面积达10万平方米。通过开展乡村清洁行动,大力整治"脏乱差""乱停放"现象,全覆盖推进雨污分流管网工程建设,保证污水达标排放,提升水生态环境质量。

四是推动文化润村。 该村通过民主协商,找准本地人口与外地人口的文化融合点和兴趣结合点,大力推动实施修订完善的村规民约,定时举办"雁田杯"篮球赛、乒乓球赛、羽毛球赛,才艺大赛,文艺晚会等各类文体活动,举办"客侨大讲堂"和"道德讲堂"等文化教育活动,倡导良风美俗,提升生活质量,树立雁田的宜居形象。

东莞市中堂镇潢涌村
经济先行带治理 和谐有序促发展

编者按：潢涌村坚持党建引领，经济先行，积极探索发展与稳定良性互动的治理机制，大幅提高村民的获得感、幸福感和安全感，逐步构筑起共建共治共享的村庄治理格局。

潢涌村（见图1）地处东莞市最北部，占地面积约9.5平方千米，下辖27个村民小组，户籍人口1.1万人，常住人口约2万人。该村在改革开放之初确立了村办工业的道路，并始终坚持实业兴村，由此成为东莞乃至全省为数不多的以集体"实业经营型"为主导的实现工业化、城镇化的村庄之一。2017年年末，潢涌村集体总资产48.1亿元、净资产46.7亿元，集体工业总产值约55亿元，可支配收入5.9亿元，人均收入达到5万元。近年来，该村立足实际，积极将发展成果转化为村庄治理优势，进而为集体经济转型升级创造了更好的条件，村集体经营纯收入稳居东莞市村级前三名。潢涌村发展与稳定良性互动的治理机制获得村民和社会各界的充分肯定。该村先后荣获"全国绿色小康村""全国文明村""全国民主法治示范村""广东省宜居示范村""广东省历史文化名村"称号。

一、以经济强党建

潢涌村始终坚持村党组织对集体经济发展的领导地位，实现村级组织负责人"三个一肩挑"，班子成员交叉任职。上级党委遴选推荐懂经济、会管理、有公心的人员担任村党工委书记，带动全村逐步形成"以集体自办工业为主、外源型经济为带动、民营经济为有益补充"的经济发展方式，经受住了产业转型的阵痛，展现了村党组织的创造力、战斗力，获得了村民的充分认可和拥护。在集体经济的支持下，该村进一步完善党代表工作室、党群服务中心、红色文化宣传栏等阵地，强化全村党员的思想政治作风建设，加强党群干群沟通联系，及时化解基层矛盾问题，以实干和服务抓队伍、树旗帜，实现固本强基。

图1　潢涌村全景

二、以经济弘新风

近年来，潢涌村加大投入，支持村庄文体事业建设，引导培育文明新风尚。一方面，高标准推进"新时代文明实践站"建设，以新思想引领新作为，以群众新实践树立社会新风尚，以讲理论、讲政策、讲法律、讲道德、讲文化、讲礼仪为主要内容，全面宣扬习近平新时代中国特色社会主义思想。该村依托实践站，深入开展"文明积分进万家"全民行动，采用积分制评选文明户、最美家庭和先进个人，增强全民参与文明实践的责任感与热情。另一方面，积极完善各类文体设施。目前，村里已建有3个标准游泳池、1个大型体育馆，还有现代化影剧院、图书馆、老人活动中心、村史展览馆。村里每年还投入约400万元，大力开展群众喜闻乐见的篮球、龙舟（见图2）、曲艺、广场舞比赛等群众性文体活动，提升群众身体素质和综合文化素质。该村以黎氏大宗祠、陈列馆、道德讲堂为载体，开展优秀家训、传统美德、村史村志学习教育活动，传承文化基因，弘扬潢涌先贤黎宿"割股愈亲"、黎光"爱国为民"的孝义伦理，引导村民自觉遵循社会公德、职业道德和家庭美德，促进社会和谐善治。

图2 村民关注的潢涌村龙舟竞渡活动

三、以经济保民生

村集体支持鼓励村民创业就业，目前全村有3800人在村办集体企业就业，占全部劳动力（4600人）的82.6%；99%以上的劳动人口实现就业，村民全年劳务性收入逾1.5亿元。为确保发展成果人人共享，潢涌村制定完善"高保障、普惠型、适度分红"的保障制度，全体村民均享"五有"福利（即学有所教、劳有所得、病有所医、老有所养、住有所居）。该村每年支出资金100多万元，帮扶照顾好孤寡老人、残疾人、重疾家庭、单亲家庭4类特殊困难人群。同时，加快推进群众关心的社会治安、医疗、环保等民生短板建设，规划启动农民公寓二期、中堂社区卫生服务中心潢涌副中心、社区养老院等重点民生工程。

四、以经济促稳定

潢涌村引导村民按自治程序完善村规民约,规范村民日常行为,对家庭和睦、热心公益行为予以物质和精神褒奖,提高村民自我管理、自我教育和自我服务的水平。同时,全面推进"智网工程"建设,投入600多万元在村辖区内重要路口、复杂地段、公共场所安装高清摄像头,实现视频监控管理全覆盖。此外,该村还聘请专业保安公司对村内主要交通路口的电子路卡实施精准化管理,有效地提高了社会治理成效。

经济反哺机制有效地增强了村民利益联系,提高了村庄组织化水平,村党组织发动村民共谋共建共管共享社会主义新农村的能力明显增强。一些大型经济、民生项目顺利获得村民共识。近年来,该村先后结合"三旧改造"计划,整合升级原有约17万平方米的厂房物业,提高容积率与功能配套;购买具备发展前景的高端写字楼以增加租赁收入,仅是对民盈山·国贸中心"科技创新中心"物业的投资额就达4.8亿元。全村经济正由造纸业"一业独大"型结构向"四轮驱动"型结构(工业型、物业型、投资型、环境型)转变。

中山市古镇镇古一村
党建带"三治" 固本强基有优势

编者按： 古一村在乡村治理中，强化党建引领，切实推进民主法治、经济民生建设，在建立环境宜居、群众乐业、社会安定的社会主义新农村方面取得积极进展。该村先后被评为"全国创建文明村镇工作先进村镇""广东省五个好农村基层示范村""广东省固本强基示范点"。

古一村位于中山市古镇镇中心偏北，总面积约2.5平方千米，建立健全1个村党委，党支部、村委会、经联社、团支部、党群服务中心（见图1）等8个基层组织，拥有古一经济发展公司、古一物业管理有限公司等集体企

图1 古一村党群服务中心

业。目前，本村有常住户籍人口1382户6920人，有党员214人，村民代表97人。在上级党委政府的领导下，古一村强化党建引领，切实推进民主法治、经济民生建设，在建立环境宜居、群众乐业、社会安定的社会主义新农村方面取得积极进展。近年来，古一村获得"全国创建文明村镇工作先进村镇""广东省五个好农村基层示范村""广东省固本强基示范点"称号。

一、坚持党的领导

一是组建得力领导班子。火车跑得快，全靠车头带。2019年3月，该村以党组织升格为契机，经过民主推荐、考察公示、选举等阶段，选出了7名村党委成员，组成一个平均年龄只有42.5岁的年轻而充满活力的党组织领导班子，为村庄治理工作提供强劲动力。

二是严格落实"三会一课""四议两公开"等制度。定期召开党委、党支部、党小组会议，及时传达市、镇有关文件精神，及时通报村党建和发展情况，研究部署村内各项工作及有关事宜。

三是加强基层党建工作。强化党员干部队伍的教育培训，定期采取外出参观、集中学习、以会代训等形式，强化政治理论、农村党建、集体经济发展、社会管理等知识的培训，提高领导班子和党员队伍的整体素质。建立健全考核检查机制，坚持每季度对村党组织党建工作进行检查，年终实施百分制量化评比，着力营造创先争优的浓厚氛围。建设"一站式"党群服务中心，建立重点人员长效帮扶管理机制，发挥党员先锋岗作用，切实提高服务群众的质量。图2为古一村的宣传阵地建设。

图 2 古一村加强宣传阵地建设

二、完善村民自治机制

抓好民主决策环节。村委会进行决策时,充分发扬民主,对涉及群众关心的热点、难点问题通过"四议两公开",充分调动村民参与自治的积极性。

抓好民主管理环节。该村制定了《古一村村民代表联系户制度》《古一村村民小组长职责》和《古一村联系群众接访制度》等村内民主管理制度,完善了村民自治章程,建立了有关村务、财务、治安、计生、党员干部目标管理等的各项规章制度。

抓好民主监督环节,实行村务、财务两公开。采取设立公开栏、"明白纸",召开村民会议或村民代表会议,成立村民议事、理财小组等形式,推行村务决策、村级财务、村经营项目的"三个公开",民主管理、民主监督逐步规范化,每月及时向村民公布村内财务及村务情况,让村务、党务、财务全部透明化、公开化。

三、提高民主法治建设水平

在内容上,全面落实有关农村基层民主、维护社会稳定、民事经济、基本国策、农业生产五大类的法律知识普及教育。在形式上,利用墙报、板报、送法入户和文艺表演等群众喜闻乐见的形式开展民主法制建设宣传活动,通过村微信公众号及时向村民群众推送有关法制法规宣传教育知识,提高农村干部群众的民主意识和法制意识。目前,村干部每季度定期学习法律法规,村民每年学习法律法规和政策不少于2次,全村干部的学习率已达100%,村民参与学习率达80%以上。同时,将社会治安综合治理和平安村创建工作纳入重要议事日程。健全完善治安组织和治保网络,建立警务室和治安巡逻队伍,强化了镇、村联防制度;把扫黑除恶与网格化管理结合,形成了村、组、户三级联防网络;坚持实行每天24小时巡逻值勤制度,较好地维护了全村治安秩序,保障群众安居乐业。

四、加强村庄文化建设

(一)合理规划生态经济,创经济生态双赢

古一村充分利用已有的苏氏祖祠、娘娘乐园、洪元公庙、三公坊等历史建筑,开展富有民间色彩的传统文化活动,建设环境优雅的古一村农家书屋,宣传村规民约,培育文明乡风、良好家风、淳朴民风。

(二)夯实发展经济,改善群众民生

古一村通过对基础建设的不断投入,改善村民的居住环境。

江门市江海区礼乐街道英南村
村规民约积分制推动乡村有效治理

编者按： 江门市英南村以乡村振兴战略为契机，探索创新村规民约积分制，有效激发群众内生动力。该村实现了用百姓的承诺，约束百姓的行为，激活了基层治理的神经末梢，推动乡村有效治理、乡风文明和谐，为打造共建共治共享的美丽乡村提供了有益经验。

江门市江海区英南村坐落在江门河畔，距市中心9千米，总面积为2.09平方千米，全村有559户2156人，设置1个党总支，有党员69名。2018年以来，英南村结合"头雁工程"，丰富村民议事形式，在省内较早探索建立村规民约积分制，不仅实现了乡村治理评价量化细化，更以群众喜闻乐见的形式推动了乡村有效治理，做法受到广泛赞誉。该村先后被评为"全国乡村治理示范村""广东省民主法治示范村"，得到民政部全国农村社区治理实验区中期评估组的好评，《南方日报》《乡镇论坛》等媒体予以专题报道。

一、建立村规民约积分管理制度

英南村充分尊重村民智慧和群众意愿，建立了一整套"好记、好用、愿用"的村规民约制度体系。

一是实化村规民约。 生搬硬套政策条框的村规民约不受群众欢迎，只能成为挂在墙上、锁在柜里的"死文本"。英南村"两委"将"能落地"作为修订村规民约的根本方针，发动村民大讨论、广献策，确保内容都是群众认可的"干货""硬招"。2018年12月26日，英南村召开村民代表扩大会议，全票通过了新修订的村规民约和"村规民约积分管理实施方案"，对村内治安、乡邻关系、环境整治、村民户籍、奖罚方法、股民管理等群众关心的热点问题均做了详细的规定。

二是活化村规民约。为推动村规民约入心入脑，英南村采取多种形式广泛宣传（见图1）。一方面，将村规民约的核心要求创新改编为顺口溜（见图2），在村里张贴，教小孩传唱，促进规则常见常闻。另一方面，大力拓展传播载体。将村内占地约12亩的废弃鱼塘和晾晒地改建为法治公园，布设法治标语、法治雕塑，开展"最美村民评选""人居环境整治评比""村规民约宣传日""驻村法律顾问上法治课"等活动，积极倡导自治、法治、德治精神，将村规民约条文"榜样化""案例化"，拉近村规民约与群众认知的距离。

图1 英南村采取多种活动宣传村规民约

图 2 英南村村规民约顺口溜

三是硬化村规民约。针对村规民约在执行上"嘴硬手软""干好干坏一个样"等问题,英南村对在本村居住满两年(包括非户籍居民)的居民以户为单位建档,对落实村规民约的情况开展每月评分,使之成为倡导文明新风、推动乡村振兴的"铁榔头"。根据规则,在环境维护、邻里和谐、物业管理、参与社区发布活动等方面表现优良的村民将可得到积分,而行为不端者,则将被扣分。例如,门前屋后环境卫生干净者,得 5 分;配合村里开展"三清三拆三整治"者,得 5 分;参与赌博者,扣 10 分。在一个评价周期内,把积分 80 分以下的村民拉进"黑榜",村内通报批评。总体评价优良的村民不仅可以登上荣誉榜,还可凭积分到村内"积分兑换超市"换取纸、米、油、盐、雨伞等生活用品。村民谭伯接受《江门日报》采访时直言:"我们积极参与到治理工作中来,可以获得相应的奖励,而且建设成果最终又是村民共享,一举两得,大家的积极性当然就高了。"实践证明,积分对应的奖品虽然不值钱,但代表一种荣誉,在乡村熟人社会里就会形成良俗导向,大家不甘人后,久而久之,就养成了积极、文明、向上的村风民风。目前,江门市江海区、新会区等地正大力推广乡村治理积分制做法,并探索将积分评定与社会信用体系建设挂钩。积分高的村民除了享受村内实物奖励外,还将获得金融机构贷款优惠或有关部门更多的支农惠农政策的倾斜。

二、丰富积分实践载体

英南村围绕乡村振兴战略部署,大力组织各类谋发展、创和谐的"赚积分"活动,在潜移默化中提升村庄治理水平。

一是开展凝乡情活动,推动德治教化。举行出嫁女回娘家、重阳千叟宴、村级篮球赛等形式多样的文化活动,增强村民的归属感。成立英南村慈善联谊会,组织村民开展志愿活动,筹资重建了村级幸福院,资助举行重阳节长者团拜会,联合社工举办长者生日会、慰问困难村民、发放高考奖励金等,深得村民的认同。2019年,该村积极筹建各类人士馆,培育富有地方特色和时代精神的各类人士文化,吸引更多的各类人士关注并积极参与家乡发展。英南村将爱老敬老、勤劳致富、讲文明、正家风的村民作为先进典型树立起来,通过"最美村民"的文化道德力量教化村民、凝聚人心。

二是开展守法纪活动,提升法治水平。英南村将法治学习纳入积分管理,在村民中营造学法、知法、守法、用法的良好氛围。配合开展扫黑除恶专项斗争,加强治安管理工作,引导村民举报黑恶,联防联控,共报平安。按照"大事不出村,小事不出组"的原则,该村引导村老、邻里发挥协调作用,及时化解村民间土地、股份分红等方面的矛盾纠纷。目前,村内社会治安进一步好转,实现了无一人违法犯罪的综合治理目标。

三是开展共发展活动,助推民主自治。英南村引导村民积极参与人居环境整治和乡村产业发展,修缮富有乡土特色、民族特点、地域风情的古典旧街"聚兴里",做到风格一致、整齐有序,进一步推进农村风貌的提升。此外,该村还利用特色人文景观,积极发展乡村文化旅游。集体经济实力增强、村容村貌改善既是全体村民共谋共建的结果,又是强化自治、推动新发展的强大动力。

三、保障积分制公平公正实施

英南村以创新党建机制为引领,健全工作载体,加强组织领导,确保积分制沿着正确方向持续健康地运行。

一是发挥党组织的领导和先锋模范作用。村党总支牵头积分制规则的制定和组织评分小组等工作,探索制定党员责任岗制度,设置了政策宣传、护村平安、文明风尚、脱贫致富、生态环保、互助爱心六大岗位,不仅让普通党员有岗有位,更激发了党员在实践村规民约、推动乡村振兴中有为善为。目前,村党总支部带头认领责任岗位,发动所有党员认领责任岗,力争将"头雁工程"推广为"群雁效应"。

二是制定多层次协商议事制度。英南村实施"五议两公开"工作法,增设村民议事会。议事会由"各类人士+党员代表+驻地企业代表+社会组织代表+非本村户籍居民代表+群众代表"等多元主体组成,发挥调动村民参与村公共事务管理的热情,监督积分制的落实,确保其得到有效实施。

江门市新会区睦洲镇南安村
以 KPI 精细治理推进"问题村"华丽转身

> **编者按**：南安村以 KPI（关键绩效指标）精细治理，建强基层战斗堡垒，不断推动村务管理民主化，探索引入"南安村民诚信管理体系"，推动矛盾转堵为疏、纠纷化解，广泛发动人民群众在乡村振兴中发挥其主体作用，形成"人人有责、人人尽责、人人享有"的共建共治共享的基层治理格局，推动了"问题村"华丽转身。

南安村位于江门市新会区睦洲镇东北部，总面积为 3.18 平方千米，其中耕地面积 2313 亩。全村户籍人口共 463 户，约 2000 人，辖 8 个村民小组，有村民代表 33 人；设 1 个党总支、3 个党支部，有党员 52 人。2013 年之前，南安村党组织软弱涣散，干群关系紧张，集体经济停滞，曾因集体土地权属纠纷引发村民群访问题和舆情事件，社会负面影响较大，被当地戏称为"难安村"。村"两委"班子自换届以来，以问题为导向，以 KPI 细化量化管理贯穿村庄治理工作各环节，实现难题逐个破解，治理精细推进。近年来，该村荣获"全国乡村治理示范村""广东省家庭文明建设示范点"（见图 1）等称号。2019 年，该村集体收入 393 万元，较 2013 年同比增长 58.47%，人均分红每年以 10% 的比例逐年递增。

图1　2018年12月，南安村举行"广东省家庭文明建设示范点"揭牌仪式

一、以 KPI 管理推动作风转变，拉近干群关系

村干部不作为、慢作为是南安村民诟病的"老大难"问题，村新班子上任后将治理慵懒散慢作风作为首要任务，以"刀口向内"的果断作为重新树立干部形象与威信。

一是强化政治引领。村党组织书记落实党建责任，通过定期开展"三会一课"，不定期组织"两委"成员接受政治"体检"，对困难党员和工作人员进行关爱和精准帮扶等方式，在村干部中培育"善学、善思、善谋、善干"的政治担当和工作能力。对教而不改者，通过在群众中曝光、申请上级按程序调整等方式正风肃纪，确保"愿意干""积极干"。

二是明确工作责任。村班子内部按照各人特点和专长安排分工，推行

"量体裁衣"的团队管理。参照企业管理模式，定期将上级要求转化为工作计划，将工作计划细化量化为 KPI，明确主要目标、承办人员和时间节点，确保有关干部和工作人员知道"干什么""怎么干"。

三是主动接受监督。 新班子在反思村务管理的经验教训中清醒地认识到，工作好不好，只有群众才有"话事权"。因此，南安村坚持把阳光监管作为凝心聚智的关键一招。除严格落实"四议两公开""一事一议"民主决策机制外，村班子在 2014 年就针对青壮年村民外出务工多、议事难的问题，积极探索建立村务管理 QQ 群，之后又建立微信群，安排专人把村务管理信息、重大决策需求在群内"晒账""问计"，让群众畅所欲言。干部对群众的问题及时给予解答，实现干群随时随地互动交流，特别是团结了懂技术、有热情的青壮年村民群体，壮大了治理力量，较好地改变了以往村务管理中"干部干，群众看""好心做坏事"的状况。通过"宣教—职责—监督"环环相扣，营造了"担当实干，马上就办"的工作作风，组织战斗力明显得到了提升。

二、以 KPI 摸查推动精准施策，实现难题化解

由于土地经营合同不规范，权属界线不清晰，南安村曾在一段时期内全村土地纠纷频发多发，占纠纷总量 90% 以上。这不仅影响了和谐稳定，还制约了土地流转价格的商定和项目承接，导致资源潜力不能有效地转化为经济实力。围绕 2015 年广东省土地确权工作部署，村"两委"从方案着眼，以难点入手，反复细致地拟定了符合南安村实际的土地确权方案，抓准必须破解的 KPI 目标点；发挥村老、各类人士、亲族的取证、调解、监督作用，保障工作公平、公开、公正开展，赢得了村民的普遍信任与支持。截至 2017 年 10 月 1 日，全村发证率 100%，被确定为江门市土地确权颁证示范村。村土地价格由每年每亩 600 元提升到 1500 元，集体收入每年增收近 10 万元，更重要的是消除了影响村庄稳定的最大隐患，极大地增强了村"两委"的威信。以此为契机，村"两委"推动建立"网格员＋人民调解

员+驻村律师"的工作机制,将党员干部分配到网格,发挥其治安巡逻、矛盾纠纷排查、法律援助、心理咨询方面的作用,将 KPI 要求落实到周、落地到人。通过及时发现问题找原因、及时入户做服务、及时疏导减矛盾、及时回访促稳控的方法,就地解决好群众的操心事、烦心事、揪心事,从源头打通化解矛盾纠纷的"最后一米"。近年来,南安村实现无一例群众上访,真正做到"小事不出村、矛盾不上交、平安不出事、服务不缺位"。图2 为 2018 年 10 月,广东省政协副主席邓海光在南安村调研乡村振兴工作。

图2　2018 年 10 月,广东省政协副主席邓海光(左六)在南安村调研乡村振兴工作

三、以 KPI 指标引领诚信建设,培育文明村风

德治是治理的内生力量。南安村在经济社会形势向好的有利形势下,以诚信建设为切入点,培育营造守法重德的文明乡风,为巩固和谐稳定局面强化文化支撑。

一是提高行为规范可操作性。 该村在全市率先探索引入《南安村村民诚信管理体系考核办法》，将村民的日常行为转化为可以评价的 KPI 指标，以家庭为单位给村民计算积分，激发群众自觉提高自身素质的热情。每季度结合村规民约，从个人品德、家庭美德、社会公德、守法守纪等多维度对村民进行考核，年终积分不仅可以兑换日常用品，更可作为对村民日常表现的评价依据。积分的一加一减，既鼓励先进，也鞭策后进，让正能量看得见、摸得着。

二是示范带动优良家风。 南安村举办"助推乡村振兴，倡导移风易俗，共建文明家园"的乡村春晚，开展"好媳妇""好婆婆""好儿子"评选活动，挖掘平凡群众背后不平凡的感人事迹；在村主干道设置家风家训和英烈家风故事的宣传栏，潜移默化地熏陶每位群众和每个家庭，促进形成社会稳定、邻里和睦、助人为乐、尊老爱幼、守望相助、崇德向善的文明乡风。

茂名市茂南区新坡镇车田村
党员联系户激活小村治理"一池春水"

编者按： 在乡村治理过程中，茂名市车田村发挥辖区小、党员比例相对高、红色文化传承较好的工作优势，建立健全"党员联系户"工作机制，实现以党建引领乡村有效治理，使乡村充满活力。全村连续10年"零上访、零吸毒、零犯罪"，先后获得"全国文明村""全国民主法治示范村""全国乡村治理示范村"称号。

车田村位于茂名市茂南区新坡镇，总面积为0.8平方千米，辖8个村民小组，有村民301户987人，其中党员61人，是典型的小型村、城边村。该村有优良的革命传统，近年来发挥辖区小、党员比例相对高、红色文化传承较好的工作优势，建立健全"党员联系户"工作机制，实现以党建引领乡村有效治理。全村连续10年"零上访、零吸毒、零犯罪"，形成了"小有教、老有靠、病有报、村庄美、收入增"的和谐发展局面，先后获得"全国文明村""全国民主法治示范村""全国乡村治理示范村"称号。

一、制度引领，让党员联系户有底气有责任

为强化党在社区中的组织覆盖和工作覆盖，车田村党支部在乡村治理中实施"党员联村包户"工作机制，进一步发挥党员先锋模范作用，激活党建神经末梢。

一是明确责任。 对全体党员划分联系片区，每人联系4户农户，职责是做好"五个传帮带"（即"传帮带学习政策、传帮带化解矛盾、传帮带解决

困难、传帮带创业致富、传帮带遵章守法")。包户党员不能解决的问题,由村党支部、村党群服务中心(见图1)出面协调解决。将党员联系牌挂到了群众家门口,牌上清楚亮出责任党员的名字、电话及服务承诺。

二是强化保障。党支部用好上级下达的党组织运作经费,保障联系工作合理开支,提高责任党员积极性,做好联系工作。及时将党员反馈的群众的合理意见通过村民代表大会决议、村规民约等转化为治理举措,提高党员在联系户中的威信,确保"有话听""话有人听",做实联系。村党支部根据群众诉求,推动制定《车田村乡规民约》,加强计生、殡改、维稳、教育、卫生等方面的村务管理。通过对遵守殡改政策的村民奖励10000元、被评为卫生文明户的奖励1000元、考上二本及以上院校的学子每年奖励1000元等措施,以奖促治,产生明显的效果。

三是加强考评。村党支部充分运用"三会一课""学习强国"等平台,用好党员评议考核机制,在联系党员中营造以"五心"(核心、党心、民心、内心、恒心)践行初心使命的良好氛围。

图1　车田村党群服务中心

二、强化服务，让党员联系户有内容有实效

车田村党支部认识到，服务是基层党组织得民心的基本抓手，更是巩固党在基层执政基础的重要阵地之一，"你不占领阵地，别人就会去占领阵地"。为此，车田村充分发挥联系党员的民意收集作用，有针对性地开展服务，让群众舒心满意。

一是强化文化服务。开展普法"三到家"（即将普法知识送到家，学法用法抓到家，守法责任落实到家）活动，由联系党员事先汇总村民感兴趣的法律知识，邀请相应的授课人员开展"菜单式"授课，提高村民学习的实效。车田村投资建设面积达3000多平方米的车田文化活动中心，在村委会的办公楼旁建设面积达500平方米的车田图书室，为村民补充"精神食粮"，因而被评为省、市职工书屋示范单位。每个自然村都建立文化宣传长廊，弘扬社会主义文明新风。

二是强化医疗服务。建设达到广东省级标准的村卫生站，24小时为群众服务。引导全村100%的村民参加新型农村合作医疗并设立了"大病救助基金"。

三是强化老幼服务。建设独立的幼儿园，全村适龄儿童就近免费入读，学前入园率达到100%。引导村集体经济设立分红福利制度，凡车田籍55岁以上的村民，村在每个月28日都给予现金、大米、花生油、盐、酱油等实物的资助，确保老幼皆有所依。

三、瞄准难点，让党员联系户有行动、有示范

车田村曾在某段时间内，村务管理有所松弛，出现了集体经济发展滞后、人居环境卫生脏乱问题。对此，车田村依托省新农村建设系列部署，发挥党员在村容整治中的率先示范和经济发展中的示范带动作用，有效地凝聚了村民、各类人士合力，村庄建设发展明显加快。

一是开展人居环境整治。车田村加强环卫保洁，推进保洁标准一体化，

生活垃圾有效处理率、无"四乱"（乱占、乱采、乱堆、乱建）率、污水排放暗渠化率均达100%；加强自来水供水管网的升级改造，保证村民喝上放心水；全面落实河长制，开展河塘沟渠整治，村内河道、沟户庭院四周绿化率达70%以上；筹资修筑了高山坡水利2000米和铁路护坡，把村与村、户与户之间的道路全部硬底化；积极实施"万村绿"工程，在村中种植3000多棵树木，进一步绿化村居环境；建设标准灯光篮球场、健身路径、体育健身器材，优化生活环境。通过整治，"村中有园、园中有村、绿色环抱、花团锦簇"的特色生态村正在形成（见图2）。

二是加强社会治安防控。组建治安巡逻队，建设视频实时监控网络，发动各类人士捐资安装路灯80多盏，提升村庄治安防控水平。

三是推动集体经济发展。车田村发挥中心城区城边村的优势，村、组两级整合村中的闲散土地和旧房子，重点发展仓储物流业。其中，村级建成2万多平方米的仓库，每年增加租金收入近600万元。同时，车田村协调辖区企业优先解决村内劳动力就业。目前，村辖区有企业13家，储运仓库5万多平方米，还涌现了一批养殖专业户、"互联网+"营销大户。村民年均纯收入从4年前的不足2800元上升到30000多元，翻了三番多。

图2　整治后的车田村新貌

清远市连山壮族瑶族自治县永和镇永梅村
打造村落共同体　建设美丽和谐民族村

编者按： 永梅村作为欠发达的山区民族村，通过找准载体，强组织、融文化、强产业，巩固了民族团结局面，实现了脏乱差的小山村向美丽乡村示范村的蝶变，先后被评为"全国乡村治理示范村""中国少数民族特色村寨""广东省文化和旅游特色村""广东省休闲农业与乡村旅游示范点"。

永梅村位于清远市连山壮族瑶族自治县永和镇北部，距镇政府7.3千米，是典型的山区民族村。全村总面积为18.6平方千米，有耕地3000亩、林地2.5万亩；下辖村民小组6个，按聚落形成3个自然村（蒙洞、日落更、松木岭）；常住人口共278户1368人，其中少数民族占60.5%（壮族634人，瑶族193人），通用粤方言连山话。全村有党员31名，设置党总支1个，党支部2个（其中"两新"党支部1个）。交通不便、村集体收入空白、村基层组织不健全等原因导致各自然村、各族群间长期联系不够紧密，村落脏乱现象突出。2013年以来，该村以农村综合改革和美丽乡村建设为切入点，在建设村落共同体和少数民族文化旅游休闲体验式社区方面取得了明显的成效，团结奋进的治理格局逐步形成。近年来，该村先后被国家、广东省有关部门评为"中国少数民族特色村寨""广东省卫生村""广东省文化和旅游特色村"。

一、健全基层组织，从制度上把全体村民团结起来

2013年以来，永梅村根据清远市农村综合改革部署和党员、人口分布

特点，分类推进基层组织建设。该村在自然村一级，在人口最多的蒙洞自然村（常住人口900多人，约占全村总人口的66%）成立党支部；在人口少、党员数量不足的其他2个自然村，成立永梅果蔬合作社党支部，以产业联系加强党组织覆盖。同时，建立村民理事会、集体经济组织，强化"二老一新"（老党员、老村干部、新乡贤①）的带动作用和共同集体资产权属间的经济联系。在行政村一级，为强化民族地区党建工作，原行政村党支部升格为党总支。村"两委"班子在保证各村落、各族群均有代表的基础上，着重推荐选拔有开放格局、发展能力的同志，推动全村工作统筹。例如，村总支书（兼村委主任）就是在外经商中被号召回村任职的。永和镇党委、政府通过将优秀新乡贤发展为党员、将优秀党员推荐给村民的方式，实现村两级党组织与同级村委会、村民理事会班子交叉任职，强化党组织在村各级各项工作中的领导地位。改革后，充分运用熟人社会治理资源，推动产权与治权的统一，村组间联系明显加强，全村凝聚力明显提高。近年来，永梅村先后制定完善《村民自治章程》《村规民约》《村民理事会章程》，把民族团结进步内容纳入制度建设，融入群众的日常生产生活中。推行村务重大事项"党员+群众"双评议机制，有效地激发党员干事的创业热情。目前，无论是村里建种植基地，还是开旅游公司，最早的发起人都是党员。

二、打造文旅社区，从文化上把全体村民融合起来

永梅村以创建少数民族文化旅游休闲体验式社区为抓手，推动塑造既有少数民族特色又开放包容的全村文化新貌，促进壮、瑶、汉三族村民共同团结发展。

一方面，开展村庄环境和风貌提升工程。蒙洞自然村先行启动少数民族特色村寨建设，投入资金1000多万元，先后拆迁旧牛栏、旧猪圈、旧房

---

① 即各类人士。

子136间,共6800平方米,建成面积为3000平方米的文化广场、7700平方米的停车场、7.6米宽的民族特色桥,1个蒙洞戏台和1个蒙洞游客接待中心,装修少数民族特色村寨外墙60面,维护泥砖屋70间,修葺门楼5座。2017年,蒙洞自然村被国家民族事务委员会认定为第二批中国少数民族特色村寨。其他2个自然村依次推进,现已全部建成清远市级美丽乡村。图1为永梅村蒙洞自然村整治前后的对比。

另一方面,积极保护和弘扬优秀文化。继承当地"每月一节"传统节日,认真挖掘民俗文化,传承发展民族传统手工艺,着力打造壮族、瑶族的文化品牌。同时,以社会主义核心价值观为引领,针对一些不文明行为开展移风易俗行动。文旅社区创建工作不仅使村容村貌焕然一新,而且开阔村民视野,增强全体村民爱国爱家、团结自信的文化认同。目前,壮、瑶、汉村民彼此联姻、和谐共处。2020年新冠肺炎疫情防控期间,通过村党组织发动,全村筹集1万余元的捐款、820多箱共7000斤砂糖橘送往防疫一线。

图1 永梅村蒙洞自然村整治前后的对比

三、发展生态产业，从经济上把更多的村民联合起来

永梅村产业长期以水稻种植为主，经济发展较慢。近年来，该村依托省扶贫开发、民族地区扶持政策，以生态旅游为中心，发展文旅、生态农业，为更多的村民参与集体经济发展提供了载体，强化了共谋村庄治理的利益联结机制。

一是发展旅游产业。 永梅村与广东财经大学等高校开展"校+村"战略合作（见图2）。该村作为广东财经大学旅游扶贫定点扶教基地，邀请广东财经大学岭南旅游研究院专家教授编制了《永梅古村旅游发展总体规划（2018—2030）》，让旅游发展有了智力支撑。在广东财经大学的指导帮助下，该校永梅村籍硕士研究生返村创业，成立首家专业化文旅公司（连山蒙峒古村旅游服务有限公司）。连山县首个民宿加盟品牌也在永梅村蒙洞诞生，第一家加盟民宿客栈在2018年7月开业，短短5个月营业额就超过10万元，如今加盟客栈已有10家。同时，该村发掘桃花源、百果园、壮锦花廊、古祠堂、古门楼、古驿道、朔溪、瀑布等丰富的旅游资源，规划了长达1千米的幽谷探险通道，已围绕幽谷组织种植了7000多株映山红。

图2 广东财经大学乡村振兴服务研究基地入驻永梅村

二是发展种植产业。依托土地整合,由村党员带动、村民入股,成立了大果山楂种植专业合作社、突尼斯软核石榴种植专业合作社,利用"公司+合作社+基地+农户"模式发展果蔬农种植产业。目前,该村种植大果山楂500亩、砂糖橘600亩、鹰嘴桃30亩、有机水稻200亩、突尼斯软核石榴103亩。

清远市英德市西牛镇小湾村
有效治理凝聚力　村庄建设"四不补"

> **编者按：** 小湾村按照"产业兴旺、生态宜居、乡风文明、治理有效、生活富裕"的总要求，着力推进自治、法治、德治相结合的乡村治理体系建设，有效地提升了村庄凝聚力，在社会主义新农村建设中创造了"四不补"成功经验。

小湾村位于清远市英德市西牛镇西北部，距镇区约5千米，共有11个村民小组。该村现有户籍人口4309人，农户880户，党员72人；耕地5296亩（其中水田3606亩，旱地1690亩），林地9000亩，鱼塘500亩。村民主要经济收入来源于耕种和外出务工。该村在党组织领导下着力推进法治、自治、德治相结合的乡村治理体系建设，有效地提升了村庄凝聚力，在社会主义新农村建设中创造了"四不补"（拆旧不补、让地不补、人工不补、建房不补）的成功经验。

一、村党组织领导有力

小湾村狠抓思想强党、组织强党、作风强党、人才强党，进一步夯实党建根基；积极实施"头雁工程"和"青苗工程"，选优配强党支部书记，强化党组织的领导地位，推动基层党组织全面进步。该村协同推进党组织规范化建设和村民自治试点工作，制定了党建、议事决策、村务管理等制度，营造村中有党支部领事、有村干部管事、有规章制度议事、有人干事的良好氛围。在村党支部的强有力的带领下，小湾村扎实推进美丽乡村建设，目前有 6 个村民小组已建成通过清远市验收的美丽乡村，创造性地实现"四不补"，村民自主拆除的泥砖房共 2520 间，村民建设美丽家园的热情高涨，村容村貌整洁美观，人居环境得到明显改善。

二、村民自治依法规范

通过"定权责立规范"，小湾村明确村级各类组织岗位职责、议事规则，确保村级各类组织运作有法可依、有规可循、有章可行，村民自治活动有序开展。

一是规范各项规章制度，明确村级各类组织职责。 为使村级各类组织职责明晰、运作高效，小湾村进一步厘清了村级各组织的权责关系，使其各负其责、各尽所能，又相互配合、相互支持。

二是规范村民自治程序，确保议事、理事依法依规。 小湾村推行"四议两公开""民主决策机制"等制度，规范村民议事规则，引导村级各类组织在党支部的领导下开展各项工作，村中事务都由党支部在广泛征求村民意见的基础上讨论决定、领导实施，注重强化党支部的领导作用。

三是落实村规民约，确保村庄健康发展。 各村民小组召开村民会议，讨论制定符合法律法规且具有本村特色的村规民约，同时把禁毒、扫黑除恶、乡村振兴和乡风文明建设等内容纳入村规民约，让村民共同遵守执行。

三、法治理念深入人心

小湾村是全国民主法治示范村，辖区范围内有 6 个法治村民小组。小湾村不仅大力推进法治平安家庭建设，还修订村民公约，依法加强村务管理。小湾村注重保障村民民主决策权，每月定期召开最少一次村民代表会议；凡是涉及村内重大事务的，坚持先咨询驻村法律顾问（律师）的意见，再由村党支部研究，最后由村委会提交村民代表会议讨论决定，防止一个人或少数人说了算。该村突出加强民主法治村建设宣传，建设了村法治文化公园，在公共活动场所周边设置了法治景观石、法治宣传石凳、法治文化宣传长廊等设施；坚持村"两委"班子带头学法、守法、用法，安排村法律顾问每季度为村民代表上一次法制课，组织学习相关法律法规。通过普法宣传，村民尊法守法、依法维权的意识得到显著提高。

四、文化道德形成风气

小湾村用文化凝聚力量，保护和弘扬传统优秀文化，形成良好的民风、家风、村风。近几年，该村成立了"曾子文化研究会"，研究曾氏文化、宗族文化；举办"奖教奖学""写春联""舞狮会演""新春篮球赛"等活动，丰富了村民的精神文化生活（见图1）。

小湾村以德服人、以德治村，建立崇德向善的激励约束机制。该村深入开展社会主义核心价值观教育，通过农村宣讲员进村入户宣讲、印制宣传小册子、制作宣传栏等方式，使得社会主义核心价值观深入人心，家喻户晓。小湾村广泛开展新时代道德、文明建设实践活动，2020年开展了"清明节交通劝导、森林防火宣传""特殊人员义诊活动""人居环境整治

图1 小湾村村民幸福和谐的生活

村庄清洁行动""关爱弱势群体，党建助力家庭医生签约志愿服务"等丰富多彩的社会实践活动，并在活动中进行中华传统美德的宣讲。2017年至今，该村有1个村民小组被评为"清远市文明村"，2户家庭被评为"英德市星级文明户"。

五、乡村发展充满活力

小湾村盘活村中土地资源，重点抓好农业龙头企业的培育引进工作，带领村民大力发展产业项目，转变发展方式，促进集体增收、农民致富，农村发展充满活力。在村级组织的大力推动下，小湾村连片整合耕地面积4714亩，其中整合治理耕地面积共2432亩，通过"村集体统筹经营""流转+递增地租+二次分红""韭菜基地入股分红""韭菜委托村集体（村民）代管"等多种土地经营模式，重点发展麻竹笋、菜干、韭菜（见图2）、睡莲、苗圃、桑叶菜、坚果等特色产业，有效地促进了村集体增收。农民人均收入从2012年的7020元/年提升到2018年的15200元/年，集体经济年收入达到5万元以上的村小组有6个，占比75%，其中石下村小组、

图2 小湾村连片韭菜种植基地

塘面村小组集体经济收入达到每年 50 万元。如今，小湾村已形成农村有人管事、有章理事、有钱办事的良好局面。原来的一些上访人群在村"两委"的引导下，都将主要精力转移到谋划村庄整治和发展经济上，一些历史遗留问题得到了有效的解决。

潮州市潮安区凤塘镇湖美村
"党建+社群组织"推动乡村群策共治

编者按：湖美村以整顿软弱涣散党组织为契机，积极探索"党建+社群组织"的乡村治理机制，在坚持正确政治方向的前提下，有效地调动社会资源参与村庄治理和建设，在短短一年内实现了由内到外的美丽蝶变。

湖美村位于潮州市潮安区凤塘镇镇圩东北部，由湖美和泥岗两个自然村组成，总面积约1.1平方千米，有村民共339户1752人，有张、蔡、谢3个姓氏。村设党支部1个，有党员62人，村"两委"干部7人。村内有企业8家，集体土地租赁统筹是村集体经济的主要收入来源。在一段时期内，该村党务村务曾处于半瘫痪状态，村基础设施薄弱，被上级确定为软弱涣散村。2018年以来，湖美村充分发挥党建引领作用，以多元化社群组织调动传统治理资源潜力，凝聚干群共建共治共享合力，在一年内实现了由软弱涣散村向"美丽乡村建设示范村"的华丽转身。

一、以党建为引领，推动基层组织强基固本

潮安区委分析认为，湖美村治理乱象的根源是村基层组织（特别是党组织）的凝聚力和战斗力不强，为此专门向该村派出工作队，指导推进对软弱涣散党组织的整改工作。工作队与村党支部以固本强基为抓手，聚焦问题，靶向施策，努力调动党员干部干事创业的精气神。

（一）抓"头雁工程"，提升组织战斗力

工作队以组织学习培训、深入座谈交流等方式提高村干部的觉悟，使

"两委"班子思想从"要我整顿"向"我要整顿"转变。在工作队的带动下,湖美村党支部"三会一课"正常开展,"两学一做"学习教育和"不忘初心、牢记使命"主题教育活动有序推进。在乡村振兴中,党员带头捐资、带头拆迁;在拆迁现场、建设现场,都能看到党员忙碌的身影,党员先锋模范作用得到充分的发挥,党支部的凝聚力和战斗力不断增强。

(二)抓问计于民,凝聚党心民意

工作队、村"两委"干部深入党员、村民、各类人士、企业家中,广泛听取意见和建议,接受批评和监督。全村党员走访率100%,全村农户走访率91%。村"两委"干部对群众提出的问题,可以现场解决的,立刻给予解决;一时解决不了的则列入村工作计划,逐步给予解决。这坚定了群众有事找党组织的信心,党群干群关系得到了明显的改善。

(三)抓环境整治,推动立行立改

针对村庄脏、乱、差突出问题,湖美村聘请广州地理研究所对村庄进行全面勘测,编制《湖美村三年整治规划》。2018年10月21日,村"两委"组织全村户主、企业家代表召开湖美村环境整治动员会,印发《致全体村民的一封信》《致企业家的一封信》,郑重承诺在一定时间内实现村容村貌大变样,号召全体村民加入美丽乡村的建设行列。会后,驻村工作队和村两委干部采取"圈定分块"的方式对全村违建构筑物进行劝退清拆,清拆面积达5万多平方米,确保"三清理、三拆除、三整治"顺利完成(见图1)。

图 1　村庄拆违整治后的新貌

二、调动社群力量，推动党建村建工作落实

村"两委"人手少、事务多，如何在上级工作队撤离后保证党的决策、自治决议不流于形式，是推动村庄长效治理的一大难题。为此，村"两委"充分利用辖区企业多、村内外贤达辈出的优势，依法有序建立社群组织，搭建各方参与家乡建设的大平台，推动乡村振兴工作走上快车道。

（一）创建辅助组织，强化村务管理

湖美村修订村规民约，重建村老年人协会、保安队、保洁队，在整治村民不文明行为、推动拆违清淤方面，发挥潮汕地区敬老重亲的文化力量，强化舆论导向。

（二）创建各类人士理事会，凝聚村建社会力量

湖美村成立由党员、村民、企业家和各类人士代表组成的理事会。理事会以乡情、亲情、友情为纽带，邀请各类人士回乡参观交流，组织座谈会，加强与各类人士的情感沟通，向各类人士汇报展示村的规划前景，激

发他们热爱家乡的情感和支持家乡建设的热情。为加快推进村文化广场、村党群服务中心、党建文化公园、湖美书院（见图2）等公共设施建设，理事会制定"分类分层、重点突破、树立标杆"的筹资策略和"四促"（以大企业促动小企业，以优秀企业促动一般企业，以本村企业促动外来企业，以在家村民促动在外各类人士）的工作思路，千方百计筹集资金，成效良好。广大村民、内外各类人士、热心企业家纷纷慷慨捐资。旅澳侨胞张建辉先生深受感动，捐资138万元支持建设。全村339户中有300多户共379人次参与了捐款，募集资金830多万元。理事会利用捐资现场"办公"，协助村"两委"推进项目建设。目前，湖美村党群服务中心、党建文化广场、湖美书院等已全面建成并投入使用，村容村貌焕然一新，为群众参与自治、休闲文娱等各类活动提供了便利，得到了群众的拥护。

图2　依靠社会力量建成的村党群服务中心和湖美书院

（三）创建顾问组，推动社群组织间的分权监督

对捐赠人指定资金使用方式的建设项目，村务监督委员会不便直接监督，就由村"两委"牵头设立顾问组协同推进。顾问组由热心老党员和德高望重的老年代表组成，负责为理事会建言献策、协调关系、监督资金使

用、监管工程质量进度，与理事会形成相互协同、相互监督的关系，防范道德风险。

三、健全机制，强化党对社群组织的全面领导

为确保社群组织始终坚持党在村庄工作的得力助手的工作定位，湖美村狠抓制度建设，切实强化村党组织的领导地位。

（一）定规范

村"两委"对村党务、村务、财务等制度进行重新修订并公布，明确村内各个社群组织均应服从村党组织领导，细化"小微权力"清单。凡是涉及重大村务的事项，严格执行"四议两公开"制度，"三重一大"问题由党支部讨论决定。

（二）抓管理

社群组织主要按照"一事一会"专项业务建设，不搞大而全的组织。构建支部统管、"两委"成员分片、党员网格化三级党建网络，强化民意民情信息收集处置，防范别有用心的势力利用社群组织侵蚀党在农村的执政根基。

（三）强监督

发挥村务监督委员会的监督作用，重大事项及时向镇党委、政府汇报，申请支持，坚决打击社群工作中的违法违纪行为，营造风清气正的治理氛围。

揭阳市普宁市大南山街道什石洋村
"红色村"党建带动治理新篇

> **编者按**：近年来，普宁市大南山街道什石洋村紧紧围绕实施乡村振兴战略的总体部署，加强党对乡村治理的集中统一领导，发挥农民在乡村治理中的主体作用，借助新农村建设东风，不断完善基础设施，美化人居环境，提高服务水平，乡村治理能力得到全面提升。

普宁市大南山街道什石洋村，辖区面积约10平方千米，户籍人口约5590人。该村1957年被广东省政府定为红色根据地村，2015年因集体年收入不足4万元，人均可支配收入不足4000元，被认定为省定贫困村。2016年以来，该村以党建为引领，以新农村建设示范村建设为载体，积极提升村庄治理水平。近年来，全村没有发生"黑恶"违法现象，没有发生越级上访、群体性事件和非法宗教活动，全村社会和谐安定。2018年，该村被广东省委组织部定为"红色村"党建示范工程第一批试点村。2019年，什石洋村人均可支配收入达到16100元，村集体年收入超过110万元，在走好走实革命老区村高质量发展之路上迈出了坚实一步。

一、依托服务做实党建，发挥党员"头雁"作用

大力实施"头雁工程"，加强培训教育，规范"三会一课"党内生活，切实提升村"两委"干部和党员的政治素养、工作能力和责任意识。优化升级党群服务中心，完善设施设备，为村民提供了"一门式办理""一站式服务"。推动党员包片责任区划分工作，将村内所有党员划分为若干个片

区，落实每名党员包片责任制，引导党员干部在村庄人居环境、脱贫攻坚、土地整合等公益事业上发挥先锋模范作用。通过扎实加强自身建设，改进服务模式，村民对村党组织的认可度不断提高，村支部说话更有底气，党员工作更有活力，党组织在村中各类组织、各项事业中的主心骨作用得到凸显。图1为什石洋村红色文化展览馆。

图1　什石洋村红色文化展览馆

二、依托热点做实自治，发挥农民主体作用

在村党组织领导下，建立健全岗位责任制度，村委会印章、财务账目、集体财产、用人等管理循规有序。村委会、村务监督委员会在村、组两级结合的实际中，推动老人活动中心、公益理事会、社会人士咨询委员会等的建立，整合村内传统治理力量和村外社会建设资源，不仅破解了村"两委"单打独斗难成事的旧治理格局，还为村民和各类人士造福桑梓、干事创业拓宽了载体，确保村庄治理能找准痛点，能找到帮手，能招来资源。同时，认真落实"四议两公开"程序，严格落实民主决策、民主管理，让重大村务财务工作"有图有真相""能查能检验"，最大限度地凝聚村民的

共识。针对村庄脏乱差、集体穷弱散等村民反映突出的问题，村"两委"依法修订完善村规民约，积极争取上级扶贫项目和新农村建设项目支持，大力开展村庄"三清理、三拆除、三整改"工作和生活垃圾分类试点。什石洋村投入约550万元打造农贸综合市场，形成比较稳定的村集体租金收入来源，全村贫困户于2018年年底均达到脱贫标准；投入资金1400多万元创建社会主义新农村示范村，完成包括生活污水管网建设、标准化公厕建设、村巷道硬底化建设、村公共文化设施建设等16个工程项目，聘请专业保洁公司进行全村保洁，村容村貌得到全面的改观。村庄各项事业的快速发展进一步增强了村民的责任感、自豪感。近年来，村民提出村务管理合理化的建议多了，支持参与公益事业的积极性高了，村庄治理合力逐步形成。

三、软硬结合推行法治，发挥平安筑基作用

什石洋村注重法律保障作用，健全村法律顾问工作室，主动与驻村律师联系对接，为村务决策和村民生活提供便利、快捷的法律服务。积极开展法治宣传教育，通过村广播、宣传标语、网络媒体等多种形式，不断提高广大干部群众的法律素质。建立治安联防队伍，坚持每周开展"扫黑除恶"和社会治安综合整治"红袖章行动"，加强流动人口、出租屋管控，做好打击"黄赌毒假"和治安管理工作。坚持不懈地抓好村庄安全生产工作，并于2018年建成微型消防站和24小时值班的消防队伍，配备有基础消防器材和消防摩托，切实保障村民生命财产安全。积极健全矛盾调处机制，"两委"干部定期排查梳理和包案化解辖区矛盾纠纷、不稳定的因素，做到预防为主、防治结合、有效稳控。

四、依托建设推行德治，发挥红色文化陶冶作用

什石洋村把"红色村"建设与乡村振兴发展协同推进，整合红色资源，确定"1151"总体规划建设思路（即"一路""一廊""五址""一阵地"。"一路"指一条线路，"一廊"指红色文化长廊，"五址"指五个红色旧址，

"一阵地"指在村址打造一个党员教育阵地),着力打造"不忘初心、牢记使命"主题教育的学习阵地、党员教育基地、爱国主义教育基地、党校校外实训基地。2018—2019 年,该村的普宁县苏维埃政府办公旧址作为普宁市文物重点保护单位、普宁市爱国教育基地,举行包括接待市领导在内的参观学习活动 400 多场次,参观人数约 1.5 万人次。"红色村"党建示范工程还为当地群众健身、休闲提供活动场所(见图 2)。目前,什石洋村依托该工程,正在积极申报国家 3A 级旅游景区。

图 2　什石洋村党建广场

云浮市云城区安塘街白村

"五三"着力 打造"五治"并进的善美乡村

> **编者按：** 白村坚持"党建引领，协同共治，建设美丽宜居新农村"的工作思路，实行"五个三"工作法，坚持政治强引领、自治强活力、法治强保障、德治强教化、智治强支撑，村庄实现"五治"并进，呈现"人和、景美、村富"的良好局面。

云浮市云城区安塘街白村下辖下白等4个自然村，总面积为5.59平方千米，有农户486户2100人。其中，下白自然村有256户998人。近年来，该村依托"五个三"工作法，打造"政治强引领、自治强活力、法治强保障、德治强教化、智治强支撑"的"五治"并进样本，村庄呈现"人和、景美、村富"的良好治理局面，先后获得"全国乡村治理示范村""广东省美丽宜居村"等称号。

一、做强"三个层级"，夯实政治引领基础

白村发挥村党组织和党员作用，构建"矛盾纠纷联调、社会治安联防、重大问题联治、重点人员联管、服务管理联抓、基层平安联创"的"六联"格局。白村多年保持犯罪案件、越级上访、较大矛盾纠纷"零"发生。

一是做强党总支，发挥领导带动作用。 通过建立党群联席会议、修订村规民约等方式，将"四议两公开"的决策程序制度化，确保村党总支对村各类组织的坚强有力的领导，把上级党委、政府的意图贯彻到村庄治理全过程。

二是做强党小组，发挥战斗堡垒作用。针对党员老龄化、居住就业分散化带来的党员集中教育活动"四难"（难召集、难组织、难同步、难适应）问题，整合利用现有的农家书屋、文化室、大型种养基地等资源，以自然村设立党员工作坊，为党小组活动提供载体和抓手，延伸村级党组织的管理"触角"。实践证明，由于建设新农村目标任务相同、发挥作用的要求相近，党员居住在同一自然村更乐于、易于集中活动，活动效果更好。下白自然村党小组探索细化政策宣传、民事调解、困难帮扶、治安巡逻、卫生监督等党员志愿服务岗的设立。

三是做强党员户，发挥先锋模范作用。全面推行"主题党日+""设岗定责""三带三示范"等机制，为党员发挥先锋模范作用搭建了学习宣传、服务社会、致富带富、维护稳定"四个平台"。白村52名党员发动带领群众完成清拆危旧房、废弃猪牛栏36处，整治违法建筑25200平方米。

二、健全"三个机制"，提升乡村自治能力

在村党组织领导下，白村健全村民自治机制，形成村民广泛参与的党群共建工作格局，有力促进办好一批民生实事。全村全面实现道路硬底化、卫生公厕、亮化工程、绿化提升"四个全覆盖"。村企互动能力也同步增强，厂房物业基础好的下白自然村（见图1）2019年实现集体经济收入550万元。2020年新冠肺炎疫情防控期间，村、组两级通过民主议事压减租金近150万元，支持企业复工复产。

图1 下白村村景

一是健全村级自治机制。该村建立和完善《村务议事制度》《财务管理制度》等 15 项民主管理制度，及时公开党务、村务、便民服务等内容，在乡村治理、基层公共事务和公益事业中广泛推行群众自我管理、自我服务、自我教育、自我监督。

二是完善组级自治机制。下白自然村率先成立村务领导小组，由村内海选产生的 13 位村民代表组成，再从 13 名村民代表中选出村委会主任、副村委会主任、财务、会计各 1 人。凡是村里的事情，必须经过村务领导小组八成以上的人数通过才可做出决定，强化自治互律作用。

三是健全自治执行机制。该村发动村民群众组建了护村队和网格员队两支队伍，负责村内治安巡逻和排查上报各类不稳定因素。

三、做实"三个平台"，提高依法治理水平

加大法律服务支撑力度，广大村民学法、知法、守法的意识和能力不断增强。

一是做实法治宣传平台。利用法治宣传栏、微信群和入户宣传等方式，将与群众生产生活息息相关的法治常识宣传到每家每户。全村设置法治宣传栏 5 个，近期发布法治宣传文稿 18 篇，派发宣传资料 500 多份。

二是做实以案释法平台。组建普法志愿者队伍，深入乡村、农户家庭开展"以案释法基层行""百案说法"等活动，累计开展宣讲活动 12 场次，宣讲案例 24 宗。

三是做实法律服务平台。整合法治宣传、法律援助、人民调解、安置帮教、社区矫正等各项法律服务资源进驻村级实体服务平台，每月定期安排律师顾问"门诊"驻点提供综合性"一站式"服务，集中受理和解决群众的法律服务事项，先后提供法律咨询服务 128 人次，解决问题 58 个。

四、打造"三个阵地"，丰富崇德善治内涵

一是打造家庭美德阵地。将社会主义核心价值观与乡村熟人社会蕴含

的道德规范进行有效的融合发展，修订完善村规民约，规范引导传统文化习俗、家风家训的发展，赋予其新时代的德治内涵。

二是打造道德宣传阵地。坚持以德育人、以文化人，成功培育象棋、书画、篮球、信用"四大文化"，以德育推动乡村治理。拥有18年历史的信用自助销售点自设置以来累计发生超过16万笔交易，从来没有出现故意不付款的现象。此外，下白村还设有共建和谐文化宣传专栏（见图2）。

三是打造道德评判阵地。定期开展"平安家庭""星级文明户""好媳妇""最美家庭"等评选活动，利用新时代文明实践站、美德善行榜、功德榜等平台，广泛颂扬典型正气，形成崇德向善、惩恶扬善、扶正祛邪的社会新风尚。全村创建平安家庭486户，创建率达100%，评选星级文明户367户，评选好媳妇、好邻居、好婆婆、最美家庭、书香家庭各2户。

图2 下白村共建和谐文化宣传专栏

五、突出"三个功能"，推动智慧实战应用

一是突出预防预警功能。通过综合治理手机及时上报各类风险隐患，确保第一时间预警预防，第一时间组织力量化解。辖区内208家厂房安装了"智慧安防"系统，在降低人力成本的同时实现盗窃失窃案件"零发生"。

二是突出数据采集功能。把大数据手段充分应用到打防管控、服务管理、队伍监督等领域和环节,以智慧社区、智慧政务、智慧民生、智慧交通等内容推动平安社区、平安交通、平安校园等"细胞工程"建设。全村设置公共安全视频点48个,村主要道路"雪亮工程"实现全覆盖。

三是突出便民服务功能。 广泛推动"粤省事""互联网+政务服务"等智能平台在民生实事领域的应用,在服务一体化上做好"加法",在办理流程上做好"减法",实现"一窗受理、集成服务"。自智慧服务平台推行以来,共为村民办理合医、养老、计生等民生事项1216件,效率提升了58%。

其他案例

佛山市南海区里水镇
建平台　强监管　推进农村财务科学化管理

> **编者按：** 里水镇科学运用信息平台，建立建全镇、村财务监管机制，推进农村财务监管规范化、制度化、专业化、科学化，构筑了防范基层权力滥用和纠纷激化的"防火墙""稳压器"，提升了农村社会治理水平。

南海区位于广东省中部，辖下有6个镇、1个街道，辖区面积为1073.82平方千米；2019年农村集体经营性资产总额482.86亿元，村、组两级可支配收入为99.09亿元，股份分红总额53.45亿元，在管货币资金167亿元，在管合同8.12万份，总标的金额达到2012.7亿元，各镇街资产均较庞大。为管理好本镇农村集体财务，南海区里水镇科学运用南海区农村财务监管平台（以下简称"财监平台"），对农村财务实行规范化、制度化、专业化、科学化管理，得到了中纪委、农业农村部的充分肯定。时任广东省委书记汪洋同志视察南海区里水镇农村财务监管中心（见图1）时，认为南海经验对珠三角农村综合改革有重要的借鉴意义，值得推广。

建平台 强监管 推进农村财务科学化管理

图1 中共中央政治局常委、全国政协主席、时任广东省委书记汪洋（左五）同志视察南海区里水镇农村财务监管中心

一、主要做法

（一）创建平台，以信息手段创新管理

1. **创新手段，实现管理信息化**。2011年，南海区以《佛山市农村管理信息系统》为基础，构建会计核算科目规范、数据格式统一、数据存储统一、数据更新实时、全区联网的农村财务监控系统，实现"统一平台、统一标准、制度健全、动态管理、监控实时、信息共享"的农村财务监管新模式，切实提高了农村"三资"管理的精细化和科学化水平。通过在监控系统建立资金监管、票据监管、合同监管、固定资产监管、收益分配监管、公开监管、领导监管、会计科目监管八大功能模块，实现区、镇（街道）、

村（居）实时在线记账理财，数据实时传递、实时查询、实时监控。

2. **搭建平台，实现管理专业化**。建立镇级农村财务监管中心（见图2，以下简称"财监中心"），将村（居）集体经济组织总账、明细账等所有账目及资金交由财监中心代管，全面推行"出纳驻村、会计驻镇（街道）、集中会计核算、财政专项资金专户管理"的集体经济财务监管新机制。各镇（街道）以公开招标的方式引入农村财务管理的社会中介组织进行农村财务管理，由中介组织对农村财务人员进行统一招聘考试，择优录用，中介组织派驻具有会计师职称以上的人员担任财务总监。

图2　里水镇农村财务监管中心办公室

（二）监管并行，以现代手段强化管理

1. **统一标准，财务管理规范化**。财监平台以中介管理为切入点，形成了以"一项委托（村组集体经济组织委托镇监管）、两级审核（镇、村）、三权不变（资源、资产、资金的所有权、使用权、审批权）、四层监督（业务监督、审计监督、群众监督、检查监督）、五个统一（统一财务管理制度、统一财务审核、统一记账、统一公开、统一建档）"为主要内容的农村

财务监管精细化管理新机制。财监平台制定了统一的开发和应用标准，实现了"八个统一"，即统一机构编码、统一资产分类、统一票据编码、统一票据格式、统一账套编码、统一用户编码、统一监控指标、统一会计科目，做到方便上级部门的监管、数据汇总和分析，实现了监控统一的高标准建设。

2. **预警提醒，财务监管程序化**。农村财务监控系统设置了预警提醒、一般报警、严重报警三项监控指标，可以根据业务需要或经济总量的不同，预设符合本区、本镇（街道）或本村（居）的监控标准。系统提供了监管处理功能，对报警信息在村（居）设置了村（居）干部、财务主管查询功能，由镇（街道）财监中心按照监控内容设定报警监控额度，通过报警信息来发现问题和查找问题，及时反馈记录各村（居）整改情况。报警信息由镇（街道）财监中心财务总监进行监督和跟踪，通过短信提醒或协同办公通知村（居）处理。如果在设定的期限内没有整改的，严重报警的信息将被推送至区监管监督中心（设在区纪监委），由区纪监委督促落实，确保监督落到实处。

（三）内外推进，以行政手段优化管理

1. **领导重视，机构健全**。区委、区政府高度重视财监平台建设运行工作，将平台建设运行工作列为深化农村体制综合改革、创新社会管理和评价农村工作效能的一项重要内容。同时，成立了区、镇（街道）、村（居）三级领导小组，构建上下联动的工作机制。目前，全区7个镇（街道）财监平台共有专职及兼职工作人员36人（含公务员编制8人），其中，专职19人，兼职17人（不包括中介组织聘请的财务人员）。区级由专门业务科室（农村财务管理办公室）进行管理，有专职及兼职工作人员4人（含公务员编制3人）。

2. **建章立制，规范运作**。南海区先后出台了《佛山市南海区村（居）集体经济组织财务管理办法》《南海区推进农村财务监管平台建设实施方案》《南海区农村财务监控标准》《南海区农村财务监管中心业务操作规

范》和《南海区村（居）干部违规问题联合处置工作制度》等文件，各镇（街道）也相应制定了具体管理细则，各镇（街道）财监中心将岗位责任、工作流程、管理制度全部上墙，做到监管制度化、操作流程化、核算规范化。

3. **保障经费，加大投入**。搭建平台初期，区、镇（街道）两级财政共投入3591万元配备软硬件，其中投入93万元研发农村财务监控系统，投入1028万元配备硬件，投入中介代理费用2470万元，做到人员、经费、场地、设备"四落实"。以后每年的中介代理费用和财务中介人员报酬全部由区、镇（街道）财政支付，区、镇（街道）财政为此每年投入中介代理费用超3000万元。2012年平台全面开通后，南海区每年都会根据工作需求和其他地区的先进经验投入财政资金，优化升级平台功能，确保财务平台运行的实用性、针对性和科学性。

4. **指导监督，确保落实**。认真执行和落实村（居）、社（组）全部账套一年一审计和村（居）委会换届审计工作制度，同时区、镇（街道）两级根据日常工作重点和群众关注的热点难点问题开展专项审计。通过构建农村集体经济的审计监督体系，加强对农村集体经济组织的财务审计监督，健全财务制度，规范会计核算，维护集体资产的完整与安全。

二、主要成效

（一）编织了集体资金管理的"安全网"

财监平台对各村（居）所有经济组织进行财务监管，涉及资金、票据、合同、资产、会计核算等方面，实现管理的全覆盖。集体经济每一笔款项的支取都要通过财监平台，按权限进行层级审核。同时，财监平台与成员股权管理交易平台、集体资产管理交易平台、银行系统数据等对接，做到"资产关联合同、合同关联票据、票据关联收款"，形成多层次、全方位的监督管理体系。

(二)建立了制约权力的"监督哨"

镇(街道)财监中心人员可通过财监平台实现网上实时监控,及时反馈监控信息给各村(居)集体经济组织跟进,系统能及时反映监控记录和监控结果。村民通过网络就可查询集体经济的每一笔资金、资产、资源的动向,保障了村民的知情权、参与权和监督权,实现了村民对村(居)干部权力运行的有效监督。

(三)构筑了防范腐败的"防火墙"

财监平台是一个集"管理、监督、服务"于一体的智能系统,由财监中心对村(居)大额、专项、财政专户资金的支出设置审核监控,对套打的银行支票实行与银行对接监管。对不按制度、程序开支的银行支票,财监中心不予以支出,严格监管资金流量、流向,将事前、事中、事后全过程监督替代以往的"事后算账",有效地防止了村(居)干部权力失控、决策失误、行为失范,从源头上预防和遏制腐败行为的发生。为保障财务管理工作的规范进行,南海区还对财务管理工作人员进行业务培训(见图3)。

图3 南海区农村财务管理工作培训会议

(四)形成了化解矛盾的"稳压器"

广大村民通过网络就能了解集体经济收入、费用支出、集体资产资源使用等情况,真正参与了农村"三资"监管,实现了集体财务透明、阳光运行,"让群众明白,还干部清白"。自财监平台运行以来,集体经济矛盾纷争大幅下降,群众因为"三资"和财务问题到各级部门信访的案件数量大大下降,基层社会大局更加稳定。

东莞市虎门镇
立足"三强" 推动农村财务管理现代化

编者按： 虎门镇立足队伍、制度、技术"三强"要求，着力推动农村财务管理队伍稳定化、专业化，管理机制科学化、规范化，信息平台一体化、智能化，有效提升农村财务管理水平，切实保障了农民的合法财产权益，为村集体经济持续健康发展营造了良好的外部环境。

东莞市虎门镇是全国"三来一补"企业发源地，多年来持续加强农村财务队伍建设、制度建设、技术建设，成为东莞市集体经济"存量高基数、增长高速度、管理高标准"的一面鲜明的旗帜。2014年11月，农业部（现为农业农村部）韩长赋部长亲临虎门镇实地视察调研（见图1），对于农村集体财务管理工作的规范化做法给予了充分的肯定。2014—2019年，全镇村、组两级集体的27个经济联合社和54个经济合作社经过5年时间的积累与发展，总资产从129.4亿元增加至188.7亿元，净资产从105.7亿元增加至141.6亿元，经营总收入从17.2亿元增加至23亿元，经营纯收入从10.5亿元增加至16.8亿元，人均股东分红从5867元增加至10648元，真正做到了"财务更规范，管理出效益"，有力地推动了集体经济的持续健康发展、农村社会的和谐稳定。

图1　2014年11月，农业部韩长赋部长（左一）视察虎门镇农村集体财务管理工作

一、立足强队伍，推动机构人员配置更合理

（一）设置权责明晰的镇级管理机构

虎门镇根据形势发展变化和农村财务管理工作的需要，撤销原农村经营管理站后，于2005年、2012年和2014年先后组建了社区集体资产管理办公室、集体资产交易中心和纪检监察审计办3个机构（以下简称"社资办""交易中心""审计办"），分别负责农村财务管理、资产交易、审计监督工作，实现"管审分离""交审分离"（即财务管理与财务审计分离、交易项目审查与交易活动组织分离），避免镇农村财务管理机构"既当运动员又当裁判员"。目前，镇社资办、审计办、交易中心分别配备专职工作人员9人、9人和8人，为实施农村财务精细化管理提供了坚强的组织支撑。

（二）组建专业稳定的农村财务队伍

虎门镇根据全市的统一部署，于2000年推行农村会计委派制，2006年推行出纳专职化，组建起一支高素质的专职农村财会队伍。2016年，虎门镇将社区委派会计升格为会计主管，角色定位从财务会计转变为管理会计，人员经费由社区上调转变为财政供养，进一步加大镇对村、组两级财务的统筹管理力度。目前，镇政府委派的28名社区会计主管中，有26人入编或参照事业单位编制待遇，15人有20年以上的农村财务工作经验，有中级会计师2名，初级会计师9名，为持续推动提升农村财务管理水平提供了强有力的人才队伍支撑。

二、立足强制度，推动财务监管行为更规范

（一）建立"镇、村、组"三级治理机制

虎门镇通过抓好权限划分和绩效评价两个环节，规范"镇、村、组"三级治理机制，在制度设计上，总体思路明确"市定框架、镇定细则、村组定章程"，责任归属明确"市负业务指导责任、镇负属地监督责任、村组负属事主体责任"。

一是决策权限制度化。虎门镇每5年修订镇级农村集体资产管理细则，明确集体经济组织股东大会、股东代表会议、理事会的决策权限，明确村组上报镇审查的重大经济事项标准；经镇审查备案，经济实力较强的村组可通过修订章程、召开股东大会授权等方式，提高股东代表会议和理事会的决策权限，做到原则性与灵活性相结合。2014年，虎门镇还通过"组财村管"等方式，由小组与社区签订托管协议，明确公章由社区代管，超过一定额度开支由社区审核，有效地加强了组级财务管理。

二是绩效评价常态化。虎门镇每年制订或修订农村干部薪酬方案，对社区干部当年经济发展、社会管理工作绩效进行量化考评，经股东代表通过和镇政府审查后发放，将群众表决与上级考核有机结合起来。从2019年开始，该镇推行村组"一年一审"全覆盖，通过聘请中介补充审计力量，实现农村审计从"三年一审"向"一年一审"、从"村级全审"向"村组全审"、从重制度监管审计向兼顾经济效益审计"三个转变"，提高审计频率，拓宽审计范围，强化对村、组两级财务的有效监管。

（二）健全"前中后"全链条监管体系

虎门镇结合当地实际，对东莞市多年探索逐步形成的"十管齐下"监管体系（民主理财、会计监管、审计监督、统计监测、审查监控、预算管理、阳光交易、督查考评、薪酬激励、责任追究）进行整合优化和流程再造，以预算管理、会计审核、财务公开为主要抓手，串起"事前—事中—事后"监管链条。

一是以预算管理为主要抓手，做细事前监督。虎门镇规定，村组必填的预算报表有17张，其中，总表2张，明细表15张，涵盖了村组各项收支；预算经初审、复审和股东代表会议通过后方能执行，执行过程中需进行调整的，必须由股东代表会议重新表决，村民对集体的钱"怎么花、花在哪"心中有数、一目了然。

二是以会计审核为主要抓手，做实事中监督。对于派驻地办公，列席"两委"班子会议，充分发挥会计委派制的优势，明确会计主管需履行财务监管、经营服务、决策参谋、业务指导四大岗位职责。在财务监管职责中，明确由会计主管负责保管和监督集体经济组织印章的使用，并做好登记；明确由会计主管负责审核村、组两级的会计凭证、会计报表和财务公布表，未经会计主管审核的会计凭证不得入账，未经会计主管审核的会计报表不得向外报送，实现对村组财务运作的实时监控。

三是以财务公开为主要抓手，做好事后监督。严格按照市农村财务公开"六化"标准（公布地点公众化、公布专栏橱窗化、公布版式标准化、公布内容通俗化、公布程序规范化、热点问题专项化）进行上墙公开，固定公布表式共28个，公布内容包括每笔日常开支明细、每名干部每月的薪酬支取情况、审计报告和经济合同的原件影印本及审计结果和合同摘要等。在此基础上，还通过LED电子显示屏和"东莞村财"App公开集体财务收支和村组预算的执行情况，村民通过手机即可随时随地掌握集体财务信息。

三、立足强技术，推动财务服务手段更科学

（一）实行"两个平台、一个系统"

虎门镇是东莞市农村集体资产交易（市农村集体资产网上交易平台上线仪式即在虎门镇举行，见图2）和"三资"监管平台（以下简称"两个平台"）的试点镇，通过在全市率先推行两个平台合一建设，避免两个系统分割导致"信息孤岛"出现，协同管理各项业务。

图2　2015年东莞市农村集体资产网上交易平台上线仪式在虎门镇举行

一是实现"三资"台账同步更新。虎门镇村、组两级土地资源有160多平方千米，厂房商铺面积830多万平方米，存量合同有8400多份，"三资"台账建档和更新的工作量非常大。两个平台合一建设后，土地资源、物业资产通过交易平台交易，系统会根据相关信息自动生成或更新资产资源台账，并自动生成合同台账，实现动态跟踪社区物业资产资源从待交易

到完成交易、期满重新交易，实现全程监控租赁合同从签订到兑现、变更、终止的过程。

二是实现会计业务无缝对接。电子分单功能使出纳、会计员不再局限于月底结账。会计制单角色转变为打单角色，节省大量的人力物力，避免人为因素造成集体损失。银行代扣、移动支付业务的开发，使得出纳员在制单的同时完成出纳账的同步登记，会计员可以随时掌握集体资金的进出账情况。

三是为制度执行提供技术支持。虎门镇与东莞市大多数镇、村一样，集体收入以租金为主。两个平台系统通过合同到期提醒、合同违约金自动计提、引用合同收款等技术手段，有力地促进承租方按时履约交租，全镇村组收款率保持在90%以上，比原来提高超过10%。

（二）推动"线上线下全域服务"

在现场开展业务的同时，虎门镇充分发挥两个平台的信息化优势，形成了线上线下全域服务体系。

一是线上线下交易融合互补。在传统现场交易的基础上，虎门镇结合"互联网+"思维，在全市率先推动社区集体资产网上交易，彻底打破了资产交易的地域界限和信息壁垒，最大限度地减少人为因素的干预，通过线上线下交易模式融合互补，形成多维互动的良好氛围。由于成效显著，平台交易范围从单纯的村组资产资源出租出让，逐步扩大到镇属资产、村民财产、城市更新合作企业和前期服务商招引等方面，服务对象越来越广。

二是移动应用实现贴身服务。借助"东莞村财"App这一移动服务平台，虎门镇实现对不同用户群体的移动化、贴身化服务。集体资产管理人员可随时随地移动办公，村民股民可在线查询本村财务公开数据、参与民主决策，竞投人可在线报名、缴纳保证金和参与竞投，承租人可随时随地掌握合同状态、线上缴纳租金。该镇在公众、村民股东、竞投人、承租人之间通过资产交易相关业务搭建一条信息资源通道，构建全方位、深层次、个性化、主动型的集体资产管理公共服务体系。在新冠肺炎疫情防控期间，在人员无法聚集的情况下，财务公开、民主表决、资产交易等业务如常运转，社区集体经济稳定运行。

广州市白云区云城街道萧岗村
推行村社换届"六公开" 优化村庄治理环境

> **编者按**：广州白云区推行村社换届"六公开"措施，强化基层党组织的有力领导，依法规范换届流程，选准配强村社干部，进而优化基层治理。

村社要发展，干部先带头。针对一些地方村社干部违纪违法现象突出、党组织软弱涣散等问题，广州市白云区自2016年以来，以村社换届"六公开"措施为牵引，以制度建设为主线，打出村社治理"组合拳"，加强对村社干部履职的全面监督，基层党组织的领导能力明显增强，村社治理体系得到了进一步完善。萧岗村是白云区人口最多的城中村，外来人口众多，村社管理要求较高，曾是相关问题比较突出的村。上一届选举，该村曾出现参选人大摆流水席宴请选民，拉票贿选的现象，被区纪委叫停。2016年，该村又有多名村社干部因涉嫌违法违纪被捕，涉案人数众多，涉案金额巨大。以2016年下半年村社换届为契机，该村在白云区率先推行"六公开"改革措施，严肃换届纪律，确保选举公正性，较好地调动了党员、群众参与村社治理的热情（见图1），是全面从严治党向基层延伸的具体实践。《人民日报》2020年7月9日对其予以正面报道。

图 1　萧岗村村民在察看"六公开"公示材料

一、推行"六公开"，提高村社换届透明度

近年来，在白云区有关部门受理的群众信访举报中，反映对村社干部不满的信访件占全区信访总量的 40% 左右，查处的村社党员、干部占全区立案总数的 50% 左右。经过深入的调研，白云区有关部门发现问题主要在于基层党组织领导作用发挥不好，村社治理制度落实不到位，对村社干部缺乏监督。特别是在村社换届中，拉票贿选、不正当竞争等违纪违法问题突出，导致选出的干部不为民办事、不廉洁履职。为从根源上优化村社治理，萧岗村探索推行以"六公开"为主的措施，规范村社换届全流程，成功经验被全区推广。

一是公开报名。针对以往一些参选人不公开表达参选意愿，而暗中拉票贿选，让选民在选票上的"另选他人"一栏写上自己的名字，最终低成本当选的问题，萧岗村经济联社规定，参选必须公开报名，选票不设"另选他人"。而报名应在属地镇街党（工）委的组织下，所有参选村委（社委）的参选人必须向选举委员会报名，并向选民公示报名情况。村社党组织班子参选人必须按照"两推一选"等党内规定确定。云城街党工委指导选举委员会在参选村社干部资格条件设定上提高门槛，突出将经济活动要民主决策、"三资"管理要规范公开、集体资产要全部在"三资"平台交易、履行职务要接受群众监督等纳入任职资格条件。

二是公开申报。参选人须向镇街党（工）委申报本人及其直系亲属与本村社签订的经营性合同情况、出国（境）证照情况、是否曾受刑罚等个人事项，并鼓励其以适当方式向群众公开。

三是公开廉洁参选。组织参选人签署《廉洁参选承诺书》，并在村社公开栏向选民公开。

四是公开集中竞选。白云区搭建公开集中竞选平台，明令禁止拉票活动，规范竞选的流程，让参选人更好地发挥"台上功夫"。由参选人做演讲，增进大家对参选人的了解。

五是公开宣誓就职。由镇街党（工）委书记给当选人颁发当选证书，组织当选人公开宣誓，让村社干部在庄严的仪式中感受组织和群众监督的压力。

六是公开履职承诺。组织当选人签署和公开《廉洁履职承诺书》，存入村社干部廉政档案，把村社干部廉洁履职的基本要求、组织和群众的期望以及当前村社干部履职中可能出现的廉洁风险纳入其中。

此外，萧岗村还严格规范投票环节。一是严格限制委托投票。该村规定只能在直系亲属内委托，每个人只能接受3个人委托。委托投票必须由本人写好委托书，签名按手印，将委托书与本人的合影通过微信或彩信等方式传回选举委员会确认后才能办理。二是严格限制夹带行为。针对以往贿选人为保障选票，要求选民拍下选票以兑现好处的情况，该村规定正式投票选举当日，选民必须凭选民证领取选票，不得携带字条、卡片等资料，并将手机等具有拍摄功能的器材交给工作人员统一保管。

二、加强"三资"监管,防范"微权力"腐败

从白云区查处的村社干部违纪违法案件看,近70%的案件与"三资"失管失控有关。针对"三资"监管漏洞问题,白云区全面实施"大额资金异动预警+实时记账"模式,全区所有村社纳入预警监控,实现联社"三资"交易平台提级至镇街管理,实施经济社出纳账由村代管、村账镇(街)代管制度;推进党务、村务、财务公开,用微信公众号推送,让群众看得懂、好监督。为摸清村社资产资金底数,2019年以来,白云区还开展了大规模的合同清理工作,清理整改问题合同5.1万份,追回合同欠收租金6.09亿元。

三、全面建档,加强巡查监督

白云区制定了《村社干部履职正负面清单》《白云区防止村(社)干部利益冲突若干规定》,规范村社干部履职行为。从2018年开始,白云区在广州市率先要求村社干部每年要面对群众公开述责述廉述德(简称"三述"),接受群众的监督问政,为4100多名村社干部建廉政档案,把"三述"等情况全部纳入廉政档案,每年按不少于5%的比例抽查。在换届选举期间,街、镇纪检机关组织三级暗访队伍,每晚在经济联社周边的酒楼、食肆巡察,监督参选人是否存在请吃饭的拉票贿选等行为,加强监督。

佛山市三水区西南街道木棉村
办事有清单　干事有底气

> **编者按**：木棉村率先探索建立农村重要事权清单管理制度。通过以党建引领乡村公共事务管理，梳理制定农村重要事项和决策流程，明确基层党组织参与、审核、把关的重要事权，强化了党组织的凝聚力，促进了乡村治理公开透明、有序规范，探索了党建引领乡村治理的新路径。

佛山市三水区西南街道木棉村有户籍人口约3800人，流动人口约1万人，其中少数民族共有24个，少数民族流动人口超过2300人，以壮族为主。该村在村党组织的领导下，积极搭建民族团结和村企共建发展平台，社会主义新农村建设成效显著，先后被评为"国家级绿色村庄""全国文明村""广东省民族团结进步创建活动示范单位"。木棉村为各族群众提供展现民族特色文化和自我风采的舞台（见图1），让民族团结之花不断盛开。村辖区有企业60多家，2018年村集体收入约1.66亿元。针对一些村庄的党组织领导地位得不到充分的体现，甚至个别地方的村党组织相对自治组织、集体经济组织而言被边缘化的问题，佛山市三水区近年来在全区探索构建农村重要事权清单管理制度。木棉村被选定为首批10个试点村之一，由区委组织部挂点联系、重点跟进。自被选定为试点以来，木棉村以党建引领乡村公共事务管理，梳理制定农村重要事项清单，明确基层党组织参与、审核、把关的重要事权，强化了党组织的凝聚力，促进了乡村治理公开透明、有序规范，探索了党建引领乡村治理的新路径，如探索跨区域跨行业党建结对(见图2)等,进一步巩固了村内民族团结、经济发展的良好态势。图1为木棉村探索跨区域跨行业党建结对。

图1 木棉村为各族群众提供展现民族特色文化和自我风采的舞台,让民族团结之花不断盛开

图2 木棉村探索跨区域跨行业党建结对

一、梳理事项，制定清单，管事有单可查

行政村和村民小组分别梳理形成10项事权和7项事权，涵盖农村管理的各类重大事项，明确村党组织必须审核这些事权的划分。其中，涉及行政村、村民小组的共有事权有7项，主要是各类组织成员人选（确定村民小组各类组织成员和村民代表、股东代表候选人预备人选或建议人选）、集体资产交易管理、集体经济组织股份分红及补偿款分配、集体经济组织大额资金使用、专项资金申报及上级拨付资金的管理使用、重大项目实施、村集体管理制度完善（制定完善村规民约、自治组织和集体经济组织章程的主要流程）。行政村事权的其他3项，主要是各类组织人选方面，涉及确定村各类组织班子候选人的预备人选或建议人选、招聘村自聘人员以及选拔、培养和管理村储备人选。在此基础上，对区、镇街、行政村需要审核的重要事权进行梳理，梳理出需由区级职能部门审批的事项共6项，涉及5个部门；需由镇职能部门审批（核）的事项共9项，涉及6个部门；需由行政村审批（核）的事项共6项。

二、细化流程，明确程序，办事有章可循

按照法律法规和政策的要求，细化事权流程，形成标准化、规范化、制度化的操作程序。前期结合实情，细化行政村10大项重要事权清单68个流程、村民小组7大项重要事权清单43个流程。根据前期梳理情况进行再次细化：一是对不同类型村民小组党支部进行细化；二是对每一类事权以案例的方式制定完整的流程再现，对哪个环节需要开会、哪个环节需要调研征求意见，给予清晰明确的指引，便于村党组织实操。比如，行政村制定完善村规民约、村自治组织和村集体经济组织章程的事权流程为调查研究—拟定草案—村班子联席会议商议—镇（街道）审核—审议表决—强化监督。每项事权从不同层面明确议事决策流程，步骤清晰，主体职责明确，

写明了行政村一级、村民小组一级党组织在关键环节发挥的领导作用和主要实施方式，充分发挥好村民议事会、村务监督委员会的监督作用。

三、着眼实绩，锻炼考察，做事有人可靠

区委组织部围绕落实清单管理，实行"一书记一档案、一村庄一研判"，动态掌握书记队伍状况，实现了村书记、主任、经联社社长三个职位"一肩挑"，并推动"头雁工程"向村民小组延伸。实行无职党员设岗定责，将其作为南粤党员先锋工程和落实重要事权清单的重要抓手，通过实施"扩面提质""能力提升""评星定级""分级保障"四大工程，进一步深化村（社区）无职党员设岗定责工作。按照"科学设岗—自愿领岗—公示明岗—培训上岗—定期评岗"五步法，设置流动党员联络岗、政策宣传岗、民事调解岗、村务监督岗、卫生监督岗、关爱帮扶岗、安全维稳岗、民意反馈岗八类必设岗位，其他岗位由各镇（街道）根据其中心工作灵活做出调整。同步组建"3个100"后备人才库，使领岗党员后继有人。

目前，木棉村等首批试点村的成功经验已在全区推广，农村重要事权清单管理在全区72个村（社区）、841个村民小组实现全覆盖。据统计，依制度审议把关项目达1100多项，落实征地款、股份分红近千次，分配资金20多亿元，成效明显。

一是强化了村党组织的领导地位。 在上级投放到村、组两级的重大项目、村组向上级申请的项目资金等重要事权中，全面加强了村党组织在这些重要事权中的主导作用。凡是未经村民小组党支部审核把关的申报项目，上级部门一律不予受理，从制度上保障了村（社区）党组织对村自治组织、村集体经济组织等各类基层组织的全面领导。

二是发挥了党员先锋模范作用。 实施重要事权清单管理，形成了党员"重要精神先知、重要事项先议、实事好事先做"的"三先"机制，由党员带头征求群众意见，做好思想发动和宣传解释等工作，使乡村振兴建设、土地征收等重点难点工作得以顺利推进，发挥了党员的带头示范作用。实

施重要事权清单管理后,全区已有369名领岗党员列入村(社区)储备人选,105名领岗党员当选党支部书记或村民小组长,还吸引了147名外出优秀人才"回流"建设家乡。

三是农村矛盾纠纷明显减少。实施重要事权清单管理,推动农村重要事务常态化公开,更好地保障了农民群众的知情权,从机制上将农村的大事要事置于公开透明的环境中,让老百姓一目了然,便于村民监督。更为重要的是,发挥村党组织在村重要事务中的把关作用,促进科学决策、规范管理、依法依规,减少矛盾纠纷。

梅州市蕉岭县广福镇广育村

"头雁"领航五大合作 激活乡村治理要素资源

编者按：广育村提升"头雁"领航力，推动"五社协同"，打破要素壁垒，激活农村沉睡资源，开展"五大合作"，破解生产要素的孤岛发展瓶颈，形成了以村党组织为领导、五个合作社为载体、"五大合作"为目标的"155"工作机制，提升了乡村治理效能，激活了农村内生发展动力。

梅州市蕉岭县广福镇广育村（见图1）辖区面积为36平方千米，耕地2730亩，辖20个村民小组，户籍人口有557户1803人，其中党员91人。近年来，该村围绕产业发展，提升"头雁"领航力，以"五社协同"（"五

图1　广育村村景

社"即土地合作社、劳务合作社、资金合作社、产业合作社、股份合作经济联合社)为载体,整合内外资源,推进土地、劳务、资金、产业、组织"五大合作",破解生产要素的孤岛发展瓶颈,形成了以村党组织为领导、五个合作社为载体、"五大合作"为目标的"155"工作机制,提升了乡村治理效能,激活了农村的内生发展动力。

一、围绕产业发展,提升"头雁"领航力

(一)科学培训提升专业引领能力

村"两委"干部依托全县主题教育、村(社区)党组织书记县级集中培训、产业发展培训,切实强化责任意识,提高政治站位,提升现代农业发展的引领能力。建立党支部服务日制度和村干部包片、党员包户联系服务群众制度,组织农村党员开展"认种一棵树、认扫一条路、认管一条圳"示范活动,要求党员带头发展产业。

(二)模式创新延伸党组织覆盖面

推行"村党组织+公司+基地(合作社)+农户"模式,由村党组织主导集约土地、招商引资,发展"一村一品、一镇一业",壮大村级集体经济。在有条件的村民小组、村民理事会、村集体经济组织、专业合作社、农业企业等新主体、新领域建立党组织,切实加强党对农村工作的全面领导。

(三)产业依托拓宽人才培育渠道

实施"党员人才回乡计划",采取"村推镇选县考察"的办法,建立村级外出党员人才档案,鼓励回村党员发展产业,争做带头人。通过镇、村党组织引导,以当地主导产业为依托,组建经济合作组织,分类递进培训,建立人才档案,打造实用人才网络体系,开展实用人才"传帮带",带动群众发展产业。开展"联乡兴村"行动,选派县直机关党员干部组成工作队到出生地(成长地)"联乡兴村",推进乡村振兴。

二、实施"五大合作",推进全要素联动改革

(一)土地合作,"化零为整"筑巢引业

以村党组织为引领,协同村民理事会、老人协会等动员村民流转集约土地,组建村级土地合作社,村集体统一竞价外包,实现量化到人、集体运营。为了方便耕种,村民调换土地,破解土地碎片化、使用低效的问题。吸引农业公司入驻,培育发展龙头企业、专业合作社、家庭农场,带动产业发展。对土地增值部分进行二次分配,50%返还出租农户,促其增收;50%留在村集体,用于公益事业。

(二)劳务合作,组织农户对接市场

将村内土地合作中解放出来的劳动力、闲置劳动力、就业困难人群、贫困户等组织起来,以劳动力入股,创办村级劳务合作社,下设清洁队、绿化队、运输队、建筑队、农业生产服务队等,开展第一、第二、第三产业技能培训,由合作社对外承揽业务,有组织地开展劳务输出。

(三)资金合作,撬动资本投入乡村

组建资金合作社,按照农户、政府、各类人士捐款3∶1∶1的比例设立村级互助基金,总额100万元作为产业发展贷款担保金。镇、村、银行三方协同审核农户贷款的用途和还款能力,降低资金风险。互助基金利息70%用于农户分红,30%由村集体调配,贷款村民只需交纳小额服务费,用于村庄基础设施建设和各类协会开展活动。

(四)产业合作,创新模式培育产业

在土地整合基础上建设厂房和种植基地,以村集体入股的方式发展"一村一品"产业,探索"党组织+公司+基地+专业合作社+农户"模式。依靠党员引导分散经营的农户入股,组建产业合作社,发展专业化生产,形成生产、销售、信用"三位一体"的综合合作。解决农户传统种植模式风险大、竞争力弱的问题,为农民提供内有技术、外有销路的产业链服务。

（五）组织合作，多元协作储才引智

通过内部组织整合、外部组织合作，弥补发展短板，激活内生发展动能。建立以村党组织为领导，村委会、村务监督委员会、村民理事会、农业企业、合作社等组织多元协商的议事会；按照资源禀赋差异，引导全县97个行政村结对发展；与高校、科研院所开展常态化合作，编制村庄发展规划、引进高端产业、提供技能培训；引进农业龙头企业，带动发展产业，弥补人才不足的短板；建立"县—镇—行政村—村民小组"四级联通机制，设立县、镇人大代表村级联络站，建立"零距离"沟通反馈机制，为村庄发展集思广益；在村务监督委员会的基础上，延伸监督覆盖面，在村民小组、村民理事会建立监督小组，强化辖区农业企业动态监督，及时解决企业发展困难。图2为蕉岭县"头雁"领航，全要素联动改革框架。

图2 蕉岭县"头雁"领航，全要素联动改革框架

三、改革成效

广育村改革模式已在蕉岭县得到有序的推广，具有明显的带动作用。

（一）村党组织"头雁"能力持续提升

全县以"村推镇选县考察"模式选拔了217名优秀党员进入村党组织书记后备队伍，培育了277名党员致富带头人，打造了105个党员创业带富基地，为全要素联动改革选好一批带头人。

（二）农村全要素得到有效的激活

全县累计培育农业龙头企业44家、农民专业合作社383家、家庭农场307家，有效地提高了土地集约程度和产业带动效率；25个行政村开展集体经济发展试点工作，先后调整、确定了12个资源的有效利用型、3个提供服务型、5个物业管理型和5个混合经营型试点项目，集体经济产业发展迅速；通过资金合作，撬动社会资金7000多万元，政府扶持2500多万；参与劳务合作和产业合作的农户每年增加纯收入3万~5万元；通过加强村企合作、村学合作、村际合作，建设了广东（蕉岭）美丽乡村培训学院等人才培育机构、富硒丝苗米省级现代农业产业园等产业基地、广东省科学院富硒生物科技创新中心等科研机构。作为全要素联动改革示范点的广育村，2019年通过资金合作，帮助农民完成产业发展贷款240万元，引进水稻制种和食用菌两大新产业，直接解决100多名农民的就业问题，村集体经济年增加20多万元。

（三）乡村治理效应明显

全要素联动改革倒逼乡村治理体系调整，建立了内部协同能力更强的村庄协商议事机制，村企协商议事机制，覆盖县、镇、村的三级人大代表联络机制，快速处理农民办事申请的"一站式"公共服务站；建成8个新时代文明实践所、107个村（社区）新时代文明实践站，助推精神文明建设，97个行政村全部修订完善了村规民约，文明村镇覆盖率达90.7%。

清远市连南瑶族自治县三排镇横坑村
小小新闻官　乡村治理大作为

编者按：横坑村按照全市统一部署，建立乡村新闻官制度，探索播报新形式。实践证明，乡村新闻官成为清远基层党建、乡村治理工作的有力抓手，有效地提升了党委政府公信力、基层党组织凝聚力和乡村振兴内生动力。

清远市连南瑶族自治县三排镇横坑村（见图1）是典型的石灰岩贫困瑶族村，辖6个自然村、19个村民小组，共756户2657人。2018年以来，清远市围绕乡村振兴战略，推行乡村新闻官制度，致力开展"三传一助"（传思想、传文明、传政策、助致富）。横坑村率先产生全市首个乡村新闻官，首开"花生婚礼"的农事播报这一"网红"形式，推动党的强农惠农富农

图1　横坑村远景

政策走进基层、走入乡村、走到农村百姓家，推动农特产品走向市场、走入城市、走进城镇居民家。实践证明，通过乡村新闻官制度为乡村代言发声，能有效地破解城乡二元话语体系，打通城乡信息不对称的"最后一米"。

一、画好"设计图"，做实"明细表"

按照规范化、信息化、实效化要求，选优配强乡村新闻官，促使其成为党和政府在基层的联系人、农民致富的带头人和农民的知心人。

（一）以标准化促规范化

一是选人程序规范化。乡村新闻官聘期为3年，由村推荐1名政治素养好、乡村工作熟、表达能力强的候选人，经当地乡镇党委审核确定后，报备市委宣传部。

二是播报内容规范化。各县（市、区）党委宣传部联合清远市市场监管部门，严把播报内容审核关，把乡村新闻官工作纳入基层党建工作责任制考核和意识形态工作责任制考核。制定《乡村新闻官播报规范手册》，明确"七有"标准，即有传习金句，有农产品视频，有文字介绍，有图片展示，有文化内容，有地图定位，有《清远乡村文明十二条》图片。其中，农产品播报做到"三明确"：明确农产品上市时间，明确联系方式，明确农产品价格。

三是播报频次规范化。清远市采取线上播报与线下播报相结合的方式，镇级做到两周线上一播报，县级一周一播报，市级一日一播报。各县（市、区）每年组织一次以上线下播报大赛。乡镇平台同步转发市级、县级平台发布的内容。

（二）以网络化促信息化

以"互联网＋乡村新闻官"路径破解城乡信息壁垒，促进农业"宽带增效"、农民"键盘增收"、农村"鼠标繁荣"。

一是创新矩阵互链。清远市邀请《农民日报》、人民网、新华网、南方网、金羊网、腾讯、新浪等主流媒体深度参与,提升传播效应。在本地媒体常设"乡村新闻官"专题板块,让乡村新闻官讲述乡村故事、推介乡村产品。开展乡村新闻官乡村农产品直播推介活动,深入挖掘清远各地优质特色农产品,采用"乡村新闻官+全媒体+特色农副产品+乡村体验+网络直播+电商+农业龙头企业"的全媒体语境,实现"直播内容—技术支持—流量变现"。

二是实行平台互通。建立广电商城、微信商城、淘宝电商平台,搭建农特产品电商平台矩阵,集纳乡村新闻官,推介农特产品,以助其销售。通过该方式,横坑村的红衣花生不到一个月内售出1.5万斤,销售价格由不到4元/斤提升到9元/斤。图2为清远市首个乡村新闻官、横坑村唐莹敏为红衣花生做直播。

三是实现技术互接。清远市加强与抖音、快手短视频主流平台合作,制作播报各地乡村微信推介产品和抖音短视频,宣传农村土特产信息、乡

图2 清远市首个乡村新闻官、横坑村唐莹敏为红衣花生做直播

村好故事、乡村新风貌。同步开通"清远乡村新闻官"政务号，建立政府与乡村新闻官之间的子母号，打通数据、共享信息。设置"微发布"板块、"乡村新闻官"菜单栏，集纳乡村新闻官的播报内容。整合全市政务新媒体平台资源，汇总乡镇政务新媒体发布的平台信息，对129个政务新媒体平台进行登记备案，组建乡村新闻官播报媒体矩阵，联动发声，扩大传播力、影响力。

（三）以便民化促实效化

一是举办活动。举办乡村新闻官爱心年货节、丰收播报、农产品博览会等活动，打造不落幕的农民丰收节。

二是整合产品。整合各地优质特色农产品，梳理蔬菜、水果、美食、手工艺品"菜单"，建立清远特色农产品台账。

三是宣传党的政策。挑选优秀乡村新闻官，组建乡村新闻官宣讲团，把党的理论方针政策、上级重大决策部署、乡村振兴战略、乡村发展故事宣传到基层百姓中去，架起党民"连心桥"。

二、夯实"基本功"，建好"宣传队"

清远市采取切实措施，指导支持乡村新闻官履职尽责，发挥作用。

（一）精心选精兵

形成市委宣传部、市委网信办牵头，其他部门各司其职的工作格局。市委宣传部每年安排专项工作经费，通过"以奖代补"形式，支持各地宣传工作的开展。通过设岗位、下聘书，增强乡村新闻官的责任感、使命感。

（二）培训提技能

整合广东乡村振兴服务中心、清远市职业技术学院、暨南大学传播与国家治理研究院等资源，成立清远市乡村新闻官培训学院，举办乡村新闻官培训班和播报培训班，邀请专家专题讲授播报技巧和新媒体平台编辑方法。

（三）实操塑"网红"

举办乡村新闻官选拔赛、丰收播报暨现场播报大赛，组织乡村新闻官现场播报 20 余场次，提升乡村新闻官的直播能力。

三、打好"组合拳"，唱好"连台戏"

目前，清远市实现乡村新闻官行政村全覆盖，已推出乡村新闻官播报 110 期，阅读量超过 50 万，抖音平台现场播报短视频阅读量超过 200 万。乡村新闻官成为清远基层党建、乡村治理工作的有力抓手，有效提升了党委政府公信力、基层党组织凝聚力和乡村振兴内生动力。

（一）推广大政方针

乡村新闻官通过"身边人讲身边事，身边事教身边人，乡土语讲大政策"，积极向村民宣传推广党和政府的"三农"政策，增加宣传宣讲的覆盖率、有效率。一些乡村新闻官反映，"直接讲政策很多人听不下去，我就用本地的话解释给他们听"，效果比较明显。2020 年新冠肺炎疫情防控期间，横坑村乡村新闻官针对瑶族有春节期间举办红白事的习俗，利用对村情民意的了解、在群众中存有威望等优势，耐心劝导村民红事延办，白事简办。据统计，连南县在 2020 年春节以来共劝导村民依规办理 140 多起红白事。

（二）推荐农特产品

现在，每当农产品上市前夕，乡村新闻官就承担起主动对外播报农产品信息的责任，一改过往被动适应市场变化的局面，破除农产品与市场信息不对称的壁垒，帮助农户打开销路，促进农民增收。

（三）推介美丽乡村

一些村经乡村新闻官推介后，客流量增加 40%，甚至吸引香港旅行团、珠三角自驾游游客前来参观体验，促进基地供销合作。

附　　　录

中共中央办公厅 国务院办公厅关于加强和改进乡村治理的指导意见

实现乡村有效治理是乡村振兴的重要内容。为深入贯彻落实党的十九大精神和《中共中央、国务院关于实施乡村振兴战略的意见》部署要求，推进乡村治理体系和治理能力现代化，夯实乡村振兴基层基础，现就加强和改进乡村治理提出如下意见。

一、总体要求

（一）指导思想

以习近平新时代中国特色社会主义思想为指导，全面贯彻党的十九大和十九届二中、三中全会精神，紧紧围绕统筹推进"五位一体"总体布局和协调推进"四个全面"战略布局，按照实施乡村振兴战略的总体要求，坚持和加强党对乡村治理的集中统一领导，坚持把夯实基层基础作为固本之策，坚持把治理体系和治理能力建设作为主攻方向，坚持把保障和改善农村民生、促进农村和谐稳定作为根本目的，建立健全党委领导、政府负责、社会协同、公众参与、法治保障、科技支撑的现代乡村社会治理体制，以自治增活力、以法治强保障、以德治扬正气，健全党组织领导的自治、法治、德治相结合的乡村治理体系，构建共建共治共享的社会治理格局，走中国特色社会主义乡村善治之路，建设充满活力、和谐有序的乡村社会，不断增强广大农民的获得感、幸福感、安全感。

（二）总体目标

到2020年，现代乡村治理的制度框架和政策体系基本形成，农村基层党组织更好发挥战斗堡垒作用，以党组织为领导的农村基层组织建设明显加强，村民自治实践进一步深化，村级议事协商制度进一步健全，乡村治理体系进一步完善。到2035年，乡村公共服务、公共管理、公共安全保障水平显著提高，党组织领导的自治、法治、德治相结合的乡村治理体系更加完善，乡村社会治理有效、充满活力、和谐有序，乡村治理体系和治理能力基本实现现代化。

二、主要任务

（一）完善村党组织领导乡村治理的体制机制

建立以基层党组织为领导、村民自治组织和村务监督组织为基础、集体经济组织和农民合作组织为纽带、其他经济社会组织为补充的村级组织体系。村党组织全面领导村民委员会及村务监督委员会、村集体经济组织、农民合作组织和其他经济社会组织。村民委员会要履行基层群众性自治组织功能，增强村民自我管理、自我教育、自我服务能力。村务监督委员会要发挥在村务决策和公开、财产管理、工程项目建设、惠农政策措施落实等事项上的监督作用。集体经济组织要发挥在管理集体资产、合理开发集体资源、服务集体成员等方面的作用。农民合作组织和其他经济社会组织要依照国家法律和各自章程充分行使职权。村党组织书记应当通过法定程序担任村民委员会主任和村级集体经济组织、合作经济组织负责人，村"两委"班子成员应当交叉任职。村务监督委员会主任一般由党员担任，可以由非村民委员会成员的村党组织班子成员兼任。村民委员会成员、村民代表中党员应当占一定比例。健全村级重要事项、重大问题由村党组织研究讨论机制，全面落实"四议两公开"。加强基本队伍、基本活动、基本阵地、基本制度、基本保障建设，实施村党组织带头人整体优化提升行动，持续整顿软弱涣散村党组织，整乡推进、整县提升，发展壮大村级集体经济。全面落实村"两委"换届候选人县级联审机制，坚决防止和查处以贿选等不正当手段影响、控制村"两委"换届选举的行为，严厉打击干扰破坏村"两委"换届选举的黑恶势力、宗族势力。坚决把受过刑事处罚、存在"村霸"和涉黑涉恶、涉邪教等问题的人清理出村干部队伍。坚持抓乡促村，落实县乡党委抓农村基层党组织建设和乡村治理的主体责任。落实乡镇党委直接责任，乡镇党委书记和党委领导班子成员等要包村联户，村"两委"成员要入户走访，及时发现并研究解决农村基层党组织建设、乡村治理和群众生产生活等问题。健全以财政投入为主的稳定的村级组织运转经费保障制度。

（二）发挥党员在乡村治理中的先锋模范作用

组织党员在议事决策中宣传党的主张，执行党组织决定。组织开展党员联系农户、党员户挂牌、承诺践诺、设岗定责、志愿服务等活动，推动党员在乡村治理中带头示范，带动群众全面参与。密切党员与群众的联系，了解群众思想状况，帮助解决实际困难，加强对贫困人口、低保对象、留守儿童和妇女、老年人、残疾人、特困人员等人群的关爱服务，引导农民群众自觉听党话、感党恩、跟党走。

（三）规范村级组织工作事务

清理整顿村级组织承担的行政事务多、各种检查评比事项多问题，切实减轻村级组织负担。各种政府机构原则上不在村级建立分支机构，不得以行政命令方式要求村级承担有关行政性事务。交由村级组织承接或协助政府完成的工作事项，要充分考虑村级组织承接能力，实行严格管理和总量控制。从源头上清理规范上级对村级组织的考核评比项目，鼓励各地实行目录清单、审核备案等管理方式。规范村级各种工作台账和各类盖章证明事项。推广村级基础台账电子化，建立统一的"智慧村庄"综合管理服务平台。

（四）增强村民自治组织能力

健全党组织领导的村民自治机制，完善村民（代表）会议制度，推进民主选举、民主协商、民主决策、民主管理、民主监督实践。进一步加强自治组织规范化建设，拓展村民参与村级公共事务平台，发展壮大治保会等群防群治力量，充分发挥村民委员会、群防群治力量在公共事务和公益事业办理、民间纠纷调解、治安维护协助、社情民意通达等方面的作用。

（五）丰富村民议事协商形式

健全村级议事协商制度，形成民事民议、民事民办、民事民管的多层次基层协商格局。创新协商议事形式和活动载体，依托村民会议、村民代表会议、村民议事会、村民理事会、村民监事会等，鼓励农村开展村民说事、民情恳谈、百姓议事、妇女议事等各类协商活动。

（六）全面实施村级事务阳光工程

完善党务、村务、财务"三公开"制度，实现公开经常化、制度化和规范化。梳理村级事务公开清单，及时公开组织建设、公共服务、脱贫攻坚、工程项目等重大事项。健全村务档案管理制度。推广村级事务"阳光公开"监管平台，支持建立"村民微信群""乡村公众号"等，推进村级事务即时公开，加强群众对村级权力有效监督。规范村级会计委托代理制，加强农村集体经济组织审计监督，开展村干部任期和离任经济责任审计。

（七）积极培育和践行社会主义核心价值观

坚持教育引导、实践养成、制度保障三管齐下，推动社会主义核心价值观落细落小落实，融入文明公约、村规民约、家规家训。通过新时代文明实践中心、农民夜校等渠道，组织农民群众学习习近平新时代中国特色社会主义思想，广泛开展中国特色社会主义和实现中华民族伟大复兴的中国梦宣传教育，用中国特色社会主义文化、社会主义思想道德牢牢占领农村思想文化阵地。完善乡村信用体系，增强农民群众诚信意识。推动农村学雷锋志愿服务制度化常态化。加强农村未成年人思想道德建设。

（八）实施乡风文明培育行动

弘扬崇德向善、扶危济困、扶弱助残等传统美德，培育淳朴民风。开展好家风建设，传承传播优良家训。全面推行移风易俗，整治农村婚丧大操大办、高额彩礼、铺张浪费、厚葬薄养等不良习俗。破除丧葬陋习，树立殡葬新风，推广与保护耕地相适应、与现代文明相协调的殡葬习俗。加强村规民约建设，强化党组织领导和把关，实现村规民约行政村全覆盖。

依靠群众因地制宜制定村规民约，提倡把喜事新办、丧事简办、弘扬孝道、尊老爱幼、扶残助残、和谐敦睦等内容纳入村规民约。以法律法规为依据，规范完善村规民约，确保制定过程、条文内容合法合规，防止一部分人侵害另一部分人的权益。建立健全村规民约监督和奖惩机制，注重运用舆论和道德力量促进村规民约有效实施，对违背村规民约的，在符合法律法规前提下运用自治组织的方式进行合情合理的规劝、约束。发挥红白理事会等组织作用。鼓励地方对农村党员干部等行使公权力的人员，建立婚丧事宜报备制度，加强纪律约束。

（九）发挥道德模范引领作用

深入实施公民道德建设工程，加强社会公德、职业道德、家庭美德和个人品德教育。大力开展文明村镇、农村文明家庭、星级文明户、五好家庭等创建活动，广泛开展农村道德模范、最美邻里、身边好人、新时代好少年、寻找最美家庭等选树活动，开展乡风评议，弘扬道德新风。

（十）加强农村文化引领

加强基层文化产品供给、文化阵地建设、文化活动开展和文化人才培养。传承发展提升农村优秀传统文化，加强传统村落保护。结合传统节日、民间特色节庆、农民丰收节等，因地制宜广泛开展乡村文化体育活动。加快乡村文化资源数字化，让农民共享城乡优质文化资源。挖掘文化内涵，培育乡村特色文化产业，助推乡村旅游高质量发展。加强农村演出市场管理，营造健康向上的文化环境。

（十一）推进法治乡村建设

规范农村基层行政执法程序，加强乡镇行政执法人员业务培训，严格按照法定职责和权限执法，将政府涉农事项纳入法治化轨道。大力开展"民主法治示范村"创建，深入开展"法律进乡村"活动，实施农村"法律明白人"培养工程，培育一批以村干部、人民调解员为重点的"法治带头人"。深入开展农村法治宣传教育。

（十二）加强平安乡村建设

推进农村社会治安防控体系建设，落实平安建设领导责任制，加强基础性制度、设施、平台建设。加强农村警务工作，大力推行"一村一辅警"机制，扎实开展智慧农村警务室建设。加强对社区矫正对象、刑满释放人员等特殊人群的服务管理。深入推进扫黑除恶专项斗争，健全防范打击长效机制。加强农民群众拒毒防毒宣传教育，依法打击整治毒品违法犯罪活动。依法加大对农村非法宗教活动、邪教活动打击力度，制止利用宗教、邪教干预农村公共事务，大力整治农村乱建宗教活动场所、滥塑宗教造像。推进农村地区技防系统建设，加强公共安全视频监控建设联网应用工作。健全农村公共安全体系，强化农村安全生产、防灾减灾救灾、食品、药品、交通、消防等安全管理责任。

（十三）健全乡村矛盾纠纷调处化解机制

坚持发展新时代"枫桥经验"，做到"小事不出村、大事不出乡"。健全人民调解员队伍，加强人民调解工作。完善调解、仲裁、行政裁决、行政复议、诉讼等有机衔接、相互协调的多元化纠纷解决机制。发挥信息化支撑作用，探索建立"互联网＋网格管理"服务管理模式，提升乡村治理智能化、精细化、专业化水平。强化乡村信息资源互联互通，完善信息收集、处置、反馈工作机制和联动机制。广泛开展平安教育和社会心理健康服务、婚姻家庭指导服务。推动法院跨域立案系统、检察服务平台、公安综合窗口、人民调解组织延伸至基层，提高响应群众诉求和为民服务能力水平。

（十四）加大基层小微权力腐败惩治力度

规范乡村小微权力运行，明确每项权力行使的法规依据、运行范围、执行主体、程序步骤。建立健全小微权力监督制度，形成群众监督、村务监督委员会监督、上级部门监督和会计核算监督、审计监督等全程实时、多方联网的监督体系。织密农村基层权力运行"廉政防护网"，大力开展农村基层微腐败整治，推进农村巡察工作，严肃查处侵害农民利益的腐败行为。

(十五)加强农村法律服务供给

充分发挥人民法庭在乡村治理中的职能作用,推广车载法庭等巡回审判方式。加强乡镇司法所建设。整合法学专家、律师、政法干警及基层法律服务工作者等资源,健全乡村基本公共法律服务体系。深入推进公共法律服务实体、热线、网络平台建设,鼓励乡镇党委和政府根据需要设立法律顾问和公职律师,鼓励有条件的地方在村民委员会建立公共法律服务工作室,进一步加强村法律顾问工作,完善政府购买服务机制,充分发挥律师、基层法律服务工作者等在提供公共法律服务、促进乡村依法治理中的作用。

(十六)支持多方主体参与乡村治理

加强妇联、团支部、残协等组织建设,充分发挥其联系群众、团结群众、组织群众参与民主管理和民主监督的作用。积极发挥服务性、公益性、互助性社区社会组织作用。坚持专业化、职业化、规范化,完善培养选拔机制,拓宽农村社工人才来源,加强农村社会工作专业人才队伍建设,着力做好老年人、残疾人、青少年、特殊困难群体等重点对象服务工作。探索以政府购买服务等方式,支持农村社会工作和志愿服务发展。

(十七)提升乡镇和村为农服务能力

充分发挥乡镇服务农村和农民的作用,加强乡镇政府公共服务职能,加大乡镇基本公共服务投入,使乡镇成为为农服务的龙头。推进"放管服"改革和"最多跑一次"改革向基层延伸,整合乡镇和县级部门派驻乡镇机构承担的职能相近、职责交叉工作事项,建立集综合治理、市场监管、综合执法、公共服务等于一体的统一平台。构建县乡联动、功能集成、反应灵敏、扁平高效的综合指挥体系,着力增强乡镇统筹协调能力,发挥好乡镇服务、带动乡村作用。大力推进农村社区综合服务设施建设,引导管理服务向农村基层延伸,为农民提供"一门式办理""一站式服务",构建线上线下相结合的乡村便民服务体系。将农村民生和社会治理领域中属于政府职责范围且适合通过市场化方式提供的服务事项,纳入政府购买服务指导性目录。推动各级投放的公共服务资源以乡镇、村党组织为主渠道落实。

三、组织实施

（一）加强组织领导

各级党委和政府要充分认识加强和改进乡村治理的重要意义，把乡村治理工作摆在重要位置，纳入经济社会发展总体规划和乡村振兴战略规划，开展乡村治理试点示范，及时研究解决工作中遇到的重大问题。将加强和改进乡村治理工作纳入乡村振兴考核。将党组织领导的乡村治理工作作为每年市县乡党委书记抓基层党建述职评议考核的重要内容，推动层层落实责任。各省（自治区、直辖市）党委和政府要抓好本意见贯彻落实，每年向党中央、国务院报告推进实施乡村振兴战略进展情况时，要将乡村治理工作情况作为重要内容。

（二）建立协同推进机制

严格落实责任，加强部门联动，建立乡村治理工作协同运行机制。党委农村工作部门要发挥牵头抓总作用，强化统筹协调、具体指导和督促落实，对乡村治理工作情况开展督导，对乡村治理政策措施开展评估。组织、宣传、政法、民政、司法行政、公安等相关部门要按照各自职责，强化政策、资源和力量配备，加强工作指导，做好协同配合，形成工作合力。

（三）强化各项保障

各级党委和政府要加强乡村治理人才队伍建设，充实基层治理力量，指导驻村第一书记、驻村干部等围绕乡村治理主要任务开展工作，聚合各类人才资源，引导农村致富能手、外出务工经商人员、高校毕业生、退役军人等在乡村治理中发挥积极作用。加强乡村社会治安综合治理设施装备保障，落实乡村治理经费。切实保障村干部基本报酬，建立健全与绩效考核相挂钩的报酬兑现机制。有计划、分层次开展村干部培训。坚决整治形式主义、官僚主义，让基层干部从繁文缛节、文山会海、迎来送往中解脱出来。进一步激励干部新时代新担当新作为，鼓励各地创新乡村治理机制。

组织开展乡村治理示范村镇创建活动，大力选树宣传乡村治理各类先进典型，营造良好舆论氛围。

（四）加强分类指导

各级党委和政府要结合本地实际，围绕加强和改进乡村治理的主要任务，分类确定落实举措。对于需要普遍执行和贯彻落实的政策措施，要加大工作力度，逐级压实责任，明确时间进度，尽快取得实效。对于需要继续探索的事项，要组织开展改革试点，勇于探索创新，及时总结一批可复制可推广的经验做法，加快在面上推广。对于鼓励提倡的做法，要有针对性地借鉴吸收，形成适合本地的乡村治理机制。

中央农村工作领导小组办公室 农业农村部 中央宣传部 民政部 司法部关于开展乡村治理示范村镇创建工作的通知

各省、自治区、直辖市党委农办、农业农村（农牧）厅（局、委）、宣传部、民政厅（局）、司法厅（局）：

为贯彻落实《中共中央 国务院关于坚持农业农村优先发展做好"三农"工作的若干意见》《中共中央办公厅 国务院办公厅关于加强和改进乡村治理的指导意见》的要求，中央农办、农业农村部、中央宣传部、民政部、司法部等部门从2019年起组织开展乡村治理示范村镇创建活动，通过示范创建活动推动健全党组织领导的自治、法治、德治相结合的乡村治理体系，培育和树立一批乡村治理典型，发挥其引领示范和辐射带动作用，进一步促进乡村治理体系和治理能力现代化。现将有关事项通知如下。

一、总体要求

以习近平新时代中国特色社会主义思想为指导，全面贯彻党的十九大和十九届二中、三中全会精神，紧紧围绕实施乡村振兴战略的总体部署，坚持加强党对乡村治理的集中统一领导，坚持发挥农民在乡村治理中的主体作用，坚持推进自治法治德治协同发力，深入开展乡村治理示范村镇创建活动，形成一批治理体系更加健全，治理能力显著提高的典型，选树为全国乡村治理示范村镇，打造成乡村治理的引领力量，带动全国乡村治理体系建设，促进建设充满活力、和谐有序的乡村社会。

二、创建标准

根据中央对乡村治理的有关政策要求和各地乡村治理发展情况，确定乡村治理示范村镇具体创建标准如下。

（一）示范村的创建标准

1. **村党组织领导有力**。村党组织班子团结、工作规范，对村级各类组织实现统一领导，党组织战斗堡垒和党员先锋模范作用有效发挥。

2. **村民自治依法规范**。村民自治制度健全、议事形式丰富，村务监督机构普遍建立并依法参与监督，村规民约为广大村民知晓并认同，能有效调动村民参与自治的积极性。

3. **法治理念深入人心**。经常开展群众性法律法规宣传活动，积极开展法治文化阵地建设和法治文化活动，能为村民提供便捷的法律基本服务，村"两委"成员带头尊法学法守法用法，村民法治意识明显增强。

4. **文化道德形成新风**。深入开展社会主义核心价值观教育，广泛开展道德建设实践活动，建立崇德向善的激励约束机制，保护和弘扬传统优秀文化，大力开展移风易俗行动。

5. **乡村发展充满活力**。有明确的发展规划，村级集体经济组织不断发展壮大，村民增收渠道多样，村容村貌整洁美观，人居环境明显改善。

6. **农村社会安定有序**。深入开展农村基层综合治理，各类组织和人士积极参与乡村建设和治理，矛盾调处机制健全，有效抵制黑恶势力、封建迷信活动和不良社会风气，无重大治安刑事案件、越级上访和非法宗教等活动，村民关系和谐。

（二）示范乡（镇）的创建标准

1. **乡村治理工作机制健全**。落实乡镇党委抓乡村治理工作的责任，党委和政府在人力、物力、财力投入方面为乡村治理工作提供保障，政府治理、社会参与、村民自治良性互动，基本建立共建共治共享的乡村治理格局。

2. **基层管理服务便捷高效**。乡镇对农村公共服务事项内容有明确的权责清单，乡村资源、服务、管理重心有效下移，乡镇和村对农民管理和服务职责清晰、有效联动，能在行政村为农民提供"一门式办理""一站式服务"。

3. **农村公共事务监督有效**。制定乡村小微权力责任清单，基本建立农民群众、村务监督委员会和上级部门等多方监督体系，农村党务、政务、村务、财务公开制度化和规范化。

4. **乡村社会治理成效明显**。辖区内各行政村党组织领导的自治、法治、德治相结合的乡村治理体系基本建立，有效化解社会矛盾纠纷，治理非法宗教活动，铲除黑恶势力滋生土壤，乡村发展充满活力，村容村貌整洁优美，社会秩序良好。

三、创建工作要求

（一）重视创建工作

开展乡村治理示范村镇创建活动是贯彻落实中央关于加强和改进乡村治理决策部署的一项重要工作。各省（区、市）党委农村工作部门和农业农村、宣传、民政、司法等部门要高度重视，精心组织，周密部署。各级农业农村主管部门具体负责示范创建工作，要确定专人负责，加强沟通协调，广泛发动各地村、乡（镇）积极参与示范创建活动。

（二）强化创建指导

要将示范创建活动与协调推进乡村治理体系建设工作结合起来，加强调查研究，把握示范创建活动的方向，推进自治法治德治融合发展。要加大培训力度，提高基层干部能力，推动乡村治理政策落实。要因地制宜推进创建工作，培育一批各具特色的乡村治理典型。要探索示范村镇创建考核评估办法，建立"三治结合"的乡村治理评价体系。

（三）做好申报认定

中央农办、农业农村部将会同中央宣传部、民政部、司法部等部门，在各地创建的基础上,按照优中选优的原则认定一批全国乡村治理示范村、乡(镇)。各省(区、市)相关部门按照分配名额(附件1,略)联合确定推荐示范村、乡(镇),由农业农村主管部门于2019年11月10日前将推荐名单和示范村、乡(镇)推荐表(附件2,略)正式行文报送农业农村部农村合作经济指导司。中央农办、农业农村部将会同中央宣传部、民政部、司法部等部门组织专家对各省推荐的示范村、乡(镇)进行复核,经公示后予以认定公布。

(四)大力宣传推介

各地要认真总结示范创建活动的好做法,组织电视、网络、报刊等媒体广泛宣传报道,营造提高乡村治理水平的良好氛围。要深入梳理示范村镇的好经验好模式,加强典型案例的宣传与推介,切实发挥好典型案例的示范引导作用,带动各地乡村治理能力全面提升。

中央农村工作领导小组办公室　农业农村部

中央宣传部　民政部　司法部

2019年6月24日

中央农村工作领导小组办公室 农业农村部 中央宣传部 民政部 司法部关于公布全国乡村治理示范村镇名单的通知

各省、自治区、直辖市党委农办、农业农村（农牧）厅（局、委）、宣传部、民政厅（局）、司法厅（局）：

为贯彻落实中央关于推进乡村治理体系与治理能力现代化的决策部署，发挥典型经验的示范引领作用，根据《中央农村工作领导小组办公室、农业农村部、中央宣传部、民政部、司法部关于开展乡村治理示范村镇创建工作的通知》（中农发〔2019〕7号）要求，在各地创建并推荐上报基础上，经复核和公示，中央农办、农业农村部、中央宣传部、民政部、司法部共同研究认定北京市平谷区刘家店镇等99个乡（镇）为全国乡村治理示范乡镇，北京市海淀区温泉镇白家疃村等998个村为全国乡村治理示范村，现将名单予以公布。

各示范村镇要珍惜荣誉，再接再厉，进一步提升治理能力和水平，建设充满活力、和谐有序的乡村社会，积极发挥典型示范作用。示范乡镇要着力推进政府治理、社会参与、村民自治良性互动，不断强化乡镇党委抓农村基层党组织建设和乡村治理的直接责任，选优配强村党组织班子，加大乡村治理的人力、物力、财力保障力度，提高乡镇公共服务、公共管理、公共安全水平，完善农村公共事务监督体系，构建共建共治共享的乡村治理格局。示范村要着力加强村党组织建设，不断强化村党组织对村各类组织和各项工作的领导，健全民主管理制度，规范完善村规民约，创新矛盾纠纷化解机制，增强干部群众法律意识，大力弘扬文化道德新风，促进党组织领导的自治、法治、德治相结合的乡村治理体系更加完善。

全国乡村治理示范村镇是乡村治理的引领力量，将为乡村有效治理提供不同的模式和样板。各地各有关部门要加强对示范村镇的指导和监管，深入总结示范村镇的好做法好经验，广泛组织学习交流活动，加大宣传推介力度，充分发挥示范村镇辐射带动作用，以点带面推进乡村治理体系建设。要认真贯彻落实党中央、国务院关于加强和改进乡村治理的决策部署，进一步落实工作责任，健全工作机制，强化工作措施，鼓励基层继续探索创新，扎实推进乡村治理体系和治理能力现代化，为乡村振兴作出新贡献。

中央农村工作领导小组办公室　农业农村部

中央宣传部　民政部　司法部

2019 年 12 月 24 日

附件1

全国乡村治理示范乡镇名单（节录）

广东省：珠海市斗门区莲洲镇
　　　　汕尾市陆河县河口镇
　　　　清远市阳山县大崀镇
　　　　云浮市新兴县天堂镇
　　　　佛山市禅城区南庄镇

附件 2

全国乡村治理示范村名单（节录）

广东省：广州市白云区太和镇大源村
广州市南沙区南沙街深湾村
广州市黄埔区新龙镇洋田村
珠海市金湾区红旗镇三板村
珠海市斗门区白蕉镇虾山村
佛山市禅城区南庄镇紫南村
佛山市顺德区陈村镇仙涌村
韶关市乐昌市北乡镇黄垒村
韶关市武江区重阳镇万侯村
韶关市南雄市湖口镇湖口村
韶关市新丰县沙田镇下埔村
河源市和平县大坝镇石谷村
河源市连平县忠信镇司前村
梅州市梅县区松口镇大黄村
梅州市兴宁市径南镇东升村
梅州市丰顺县潭江镇大胜村
惠州市惠阳区秋长街道周田村
惠州市惠阳区沙田镇东明村
惠州市惠阳区良井镇霞角村
东莞市中堂镇潢涌村
东莞市凤岗镇雁田村
中山市古镇镇古一村
中山市神湾镇外沙村
江门市江海区礼乐街道英南村

江门市新会区睦洲镇南安村
江门市台山市海宴镇五丰村
江门市鹤山市共和镇来苏村
阳江市阳东区东平镇瓦北村
湛江市麻章区麻章镇城家外村
茂名市茂南区新坡镇车田村
茂名市化州市合江镇大埇村
茂名市电白区林头镇槟榔村
肇庆市德庆县官圩镇金林村
肇庆市广宁县横山镇罗锅村
肇庆市封开县杏花镇凤楼村
清远市英德市西牛镇小湾村
清远市阳山县大崀镇松林村
清远市连山县永和镇永梅村
清远市英德市东华镇雅堂村
清远市阳山县杨梅镇何皮村
潮州市饶平县上饶镇永善村
潮州市潮安区凤塘镇湖美村
揭阳市揭西县棉湖镇鲤鱼沟村
揭阳市普宁市大南山街道什石洋村
云浮市云城区安塘街白村
云浮市云安区白石镇石底村
云浮市郁南县桂圩镇桂圩村

广东省委实施乡村振兴战略领导小组关于加强和改进乡村治理的实施意见

为深入贯彻落实党的十九大精神和《中共中央、国务院关于实施乡村振兴战略的意见》《中共中央办公厅、国务院办公厅〈关于加强和改进乡村治理的指导意见〉》部署要求，推进乡村治理体系和治理能力现代化，现就加强和改进我省乡村治理提出如下意见。

一、明确总体要求，奋力开创乡村治理新局面

（一）指导思想

以习近平新时代中国特色社会主义思想为指导，坚持和加强党对乡村治理的集中统一领导，坚持把夯实基层基础作为固本之策，坚持把治理体系和治理能力建设作为主攻方向，坚持把保障和改善农村民生、促进农村和谐稳定作为根本目的，建立健全党委领导、政府负责、民主协商、社会协同、公众参与、法治保障、科技支撑的现代乡村社会治理体制，健全党组织领导的自治、法治、德治相结合的乡村治理体系，构建共建共治共享的社会治理格局，不断增强广大农民的获得感、幸福感、安全感，推动全省乡村治理走在全国前列。

（二）总体目标

到 2020 年，现代乡村治理的制度框架和政策体系基本形成，农村基层党组织更好发挥战斗堡垒作用，以党组织为领导的农村基层组织建设明显加强，村民自治实践进一步深化，村级议事协商制度进一步健全，乡村治理体系进一步完善。到 2035 年，乡村公共服务、公共管理、公共安全保障水平显著提高，党组织领导的自治、法治、德治相结合的乡村治理体系更

加完善，乡村社会治理有效、充满活力、和谐有序，乡村治理体系和治理能力基本实现现代化。

二、优化治理体系，创新发展乡村治理模式

（三）完善村党组织领导乡村治理的体制机制

建立以基层党组织为领导、村民自治组织和村务监督组织为基础、集体经济组织和农民合作组织为纽带、其他经济社会组织为补充的村级组织体系。村党组织全面领导村民委员会及村务监督委员会、村集体经济组织、农民合作组织和其他经济社会组织。村民委员会要履行基层群众性自治组织功能，加强对村民小组的领导，规范村民小组的运作，增强村民自我管理、自我教育、自我服务能力。村务监督委员会要发挥在村务决策和公开、财产管理、工程项目建设、惠农政策措施落实等事项上的监督作用。集体经济组织要发挥在管理集体资产、合理开发集体资源、服务集体成员等方面的作用。农民合作组织和其他经济社会组织要依照国家法律和各自章程充分行使职权。村党组织书记应当通过法定程序担任村民委员会主任和村级集体经济组织、合作经济组织负责人，村"两委"班子成员应当交叉任职。推行非户籍常住人口参与村"两委"选举。村务监督委员会主任一般由党员担任，可以由非村民委员会成员的村党组织班子成员兼任。村民委员会成员、村民代表中党员、妇女应当占一定比例。健全村级重要事项、重大问题村党组织研究讨论机制，全面落实"四议两公开"。加强基本队伍、基本活动、基本阵地、基本制度、基本保障建设，实施村党组织带头人整体优化提升行动，持续整顿软弱涣散村党组织及问题村。发展壮大村级集体经济。选优配强农村党组织书记，全面落实村"两委"换届候选人县级联审机制，坚决防止和查处以贿选等不正当手段影响、控制村"两委"换届选举的行为，严厉打击干扰破坏村"两委"换届选举的黑恶势力、宗族势力。坚决把受过刑事处罚、存在"村霸"和涉黑涉恶、涉邪教等问题的人清理出村干部队伍。落实县乡党委抓农村基层党组织建设和乡村治理

的主体责任，实行县区、镇、村（社区）治理权责清单制度。落实乡镇党委直接责任，乡镇党委书记和党委领导班子成员等要包村联户，村"两委"成员要入户走访，及时发现并研究解决农村基层党组织建设、乡村治理和群众生产生活等问题。建立健全基层党组织书记轮训、监督管理和激励机制，充分发挥"头雁"效应。推广"三个在先"党建扶贫工作机制，探索"支部+"党建精准扶贫模式。健全以财政投入为主的稳定的村级组织运转经费保障制度。（省委组织部、省委政法委、省民政厅、省财政厅、省农业农村厅、省扶贫办）

（四）发挥党员在乡村治理中的先锋模范作用

组织党员在议事决策中宣传党的主张，执行党组织决定。组织开展党员亮身份、联系农户、党员户挂牌、承诺践诺、设岗定责、志愿服务等活动，推动党员在乡村治理中带头示范，带动群众全面参与。密切党员与群众的联系，了解群众思想状况，帮助解决实际困难，加强对贫困人口、低保对象、留守儿童和妇女、老年人、残疾人、特困人员等人群的关爱服务，引导农民群众自觉听党话、感党恩、跟党走。（省委组织部、省民政厅）

（五）规范村级组织工作事务

深入推进村（社区）减负工作，依法厘清乡镇政府（街道）和基层群众自治组织权责边界，推动以地级以上市为单位制定基层群众性自治组织承担的、协助政府的社区工作事项清单，清理整顿村级组织承担的行政事务多、各种检查评比事项多问题。各种政府机构原则上不在村级建立分支机构，不得以行政命令方式要求村级承担有关行政性事务。交由村级组织承接或协助政府完成的工作事项，实行严格管理和总量控制。从源头上清理规范上级对村级组织的考核评比项目，鼓励各地实行目录清单、审核备案等管理方式。规范村级各种工作台账和各类盖章证明事项。推广村级基础台账电子化，建立统一的"智慧村庄"综合管理服务平台。（省民政厅、省委组织部）

（六）增强村民自治组织能力

健全党组织领导的村民自治机制，完善村民（代表）会议制度，推进民主选举、民主协商、民主决策、民主管理、民主监督实践。进一步加强自治组织规范化建设，拓展村民参与村级公共事务平台，发展壮大治保会等群防群治力量，充分发挥村民委员会、群防群治力量在公共事务和公益事业办理、民间纠纷调解、治安维护协助、社情民意通达等方面的作用，大力推进农村治保会建设，在每个行政村建立不少于3人的治保会组织。**（省民政厅、省公安厅）**

（七）丰富村民议事协商形式

规范健全村级议事协商制度，修定完善《关于规范新时代党领导下的村民议事决策工作的指导意见》，推进"村民议事厅"建设，建立村党组织领导下的"民主协商、一事一议"的村民协商自治模式。创新协商议事形式和活动载体，依托村民会议、村民代表会议、村民议事会、村民理事会、村民监事会等，鼓励农村开展村民说事、民情恳谈、百姓议事、妇女议事等各类协商活动。**（省民政厅、省委组织部、省农业农村厅、省妇联）**

（八）支持多方主体参与乡村治理

加强妇联、共青团、残协等组织建设，充分发挥其组织群众参与民主管理和民主监督的作用，积极发挥服务性、公益性、互助性社区社会组织作用。拓宽农村社工人才来源，在乡镇（街道）依托党群服务中心、新时代文明实践中心或设立社会工作服务站、社区志愿服务平台等，按不低于常住人口万分之五的比例设置社会工作岗位。加强农村社会工作专业人才队伍建设，充分发挥志愿者队伍作用，着力做好妇女、老年人、残疾人、青少年、低保对象、特困人员等重点对象服务工作。探索以政府购买服务等方式，支持农村社会工作和志愿服务发展。**（省民政厅、省妇联、团省委、省残联）**

三、丰富内容拓展方式，大力提升乡村治理水平

（九）全面实施村级事务阳光工程

完善党务、村务、财务"三公开"制度，实现公开经常化、制度化和规范化。梳理村级事务公开清单，及时公开组织建设、公共服务、脱贫攻坚、工程项目等重大事项。健全村务档案管理制度。推广村级事务"阳光公开"监管平台，支持建立"村民微信群""乡村公众号"，加强群众对村级权力有效监督。规范村级会计委托代理制，加强农村集体经济组织审计监督，开展村干部任期和离任经济责任审计、民主评议。**（省委组织部、省财政厅、省民政厅、省审计厅、省农业农村厅）**

（十）积极培育和践行社会主义核心价值观

坚持教育引导、实践养成、制度保障三管齐下，推动社会主义核心价值观落细落小落实，融入文明公约、村规民约、家规家训。充分发挥新时代文明实践中心作用，广泛开展中国特色社会主义和实现中华民族伟大复兴的中国梦宣传教育，用中国特色社会主义文化、社会主义思想道德牢牢占领农村思想文化阵地。完善乡村信用体系，增强农民群众诚信意识。推动农村学雷锋志愿服务制度化常态化。加强农村未成年人思想道德建设。**（省委宣传部、省文明办、省文化和旅游厅、团省委）**

（十一）实施乡风文明培育行动

深化文明村镇创建，弘扬崇德向善、扶危济困、扶弱助残等传统美德，培育淳朴民风。开展好家风建设，传承传播优良家训。全面推行移风易俗，整治农村婚丧大操大办、高额彩礼、铺张浪费、厚葬薄养等不良习俗。破除丧葬陋习，树立殡葬新风，推广与保护耕地相适应、与现代文明相协调的殡葬习俗。鼓励地方对农村党员干部等行使公权力的人员，建立婚丧事宜报备制度，加强纪律约束。加强村规民约建设，督促落实《关于做好村规民约和居民公约工作行动方案》，建立健全村规民约监督和奖惩机制，对违背村规民约的，在符合法律法规前提下运用自治组织的方式进行合情合

理的规劝、约束。实现村规民约行政村 2020 年底全覆盖。（省委宣传部、省民政厅、省文化和旅游厅）

（十二）发挥道德模范引领作用

深入实施公民道德建设工程，加强社会公德、职业道德、家庭美德和个人品德教育。深化文明村镇、农村文明家庭、星级文明户、五好家庭等创建活动，广泛开展农村道德模范、最美邻里、身边好人、新时代好少年、寻找最美家庭、最美乡村教师、好村官等选树活动，大力弘扬优秀家训、家规、家风，开展乡风评议，弘扬道德新风。（**省委宣传部、省民政厅、省妇联**）

（十三）加强农村文化引领

加强基层文化产品供给、文化阵地建设、文化活动开展和文化人才培养。传承发展提升农村优秀传统文化，加强传统村落、少数民族特色村镇保护。因地制宜广泛开展乡村文化体育活动和法治文化活动。加快乡村文化资源数字化。积极发掘新乡贤文化、民俗文化、法治文化、廉政文化、地名文化、诚信文化等乡土文化资源，培育乡村特色文化产业，助推乡村旅游高质量发展。加强农村演出市场管理，营造健康向上的文化环境。（**省文化和旅游厅、省委宣传部、省民族宗教委、省农业农村厅**）

四、注重源头治理，着力补齐乡村治理短板

（十四）提升乡镇和村为农服务能力

充分发挥乡镇服务农村和农民的作用，加强乡镇政府公共服务职能和服务能力建设试点工作，加大乡镇基本公共服务投入。推进"放管服"改革和"最多跑一次"改革向基层延伸，整合乡镇和县级部门派驻乡镇机构承担的职能相近、职责交叉工作事项，建立集综合治理、市场监管、综合执法、公共服务等于一体的统一平台。着力增强乡镇统筹协调能力，发挥好乡镇服务、带动乡村作用。健全县（市、区）、乡镇（街道）、村三级基本公共服务网络，为农民提供"一门式办理""一站式服务"，构建线上线

下相结合的乡村便民服务体系。将农村民生和社会治理领域中属于政府承担的，适合采取市场化方式提供的基本公共服务、社会事务服务、行政管理与协调、技术服务、社会求助服务以及政府履职所需辅助性事务，社会力量能够承担的服务事项，纳入有关部门向社会力量购买服务具体项目目录。推动各级投放的公共服务资源以乡镇、村党组织为主渠道落实。(省民政厅、省委政法委、省委编办、省人力资源和社会保障厅)

（十五）推进法治乡村建设

依法规范基层行政执法行为，严格按照法定职责和权限执法，将政府涉农事项纳入法治化轨道。大力开展"民主法治示范村"创建、"法律进乡村"活动，实施农村"法律明白人"培养工程，培育一批以村干部、人民调解员为重点的"法治带头人"。健全乡村矛盾纠纷调处化解机制。完善调解、仲裁、行政裁决、行政复议、诉讼等有机衔接、相互协调的多元化纠纷解决机制。广泛开展平安教育和社会心理健康服务、婚姻家庭指导服务。推动法院跨域立案系统、检察服务平台、公安综合窗口、人民调解组织延伸至基层，加强检察机关的法律监督工作，提高响应群众诉求和为民服务能力水平。(省委政法委、省司法厅、省法院、省检察院、省民政厅)

（十六）加强平安乡村建设

推进农村社会治安防控体系建设，落实平安建设领导责任制，加强基础性制度、设施、平台建设。大力推行"一村一辅警"机制，扎实开展智慧农村警务室建设，落实驻村民警兼任村党组织副书记或班子成员制度。加强对社区矫正对象、刑满释放人员等特殊人群的服务管理。深入推进扫黑除恶专项斗争，健全防范打击长效机制。加强农民群众防毒、拒赌宣传教育，依法打击整治涉毒涉赌违法犯罪活动。依法加大对农村非法宗教活动、邪教活动打击力度，制止利用宗教、邪教干预农村公共事务，大力整治农村乱建宗教活动场所、滥塑宗教造像。大力实施农村"雪亮工程"，健全"综治中心+网格化+信息化"基层治理模式，拓展全科网格服务管理。健全农村公共安全体系，强化农村安全生产、防灾减灾救灾、食品、药品、

交通、消防等安全管理责任。（**省委政法委、省公安厅、省司法厅、省民族宗教委**）

(十七) 加大基层小微权力腐败惩治力度

规范乡村小微权力运行，明确每项权力行使的法规依据、运行范围、执行主体、程序步骤。建立健全小微权力监督制度，形成群众监督、村务监督委员会监督、上级部门监督和会计核算监督、审计监督等全程实时、多方联网的监督体系。织密农村基层权力运行"廉政防护网"，推进农村巡察工作，严肃查处侵害农民利益的腐败行为。（**省民政厅、省纪委监委机关、省财政厅、省审计厅**）

(十八) 加强农村法律服务供给

充分发挥人民法庭在乡村治理中的职能作用，推广车载法庭等巡回审判方式。加强乡镇司法所建设。整合各类公共法律服务资源，健全乡村基本公共法律服务体系。深入推进公共法律服务实体、语音、网络平台建设，实现三平台融合，鼓励乡镇党委和政府根据需要设立法律顾问和公职律师，鼓励有条件的村民委员会单独建立公共法律服务工作室，进一步加强村法律顾问工作，完善政府购买服务机制，充分发挥律师、基层法律服务工作者等在提供公共法律服务、促进乡村依法治理中的作用。（**省司法厅、省委政法委、省法院**）

(十九) 加强农村集体经济管理

有序推进农村集体产权制度改革。做好农村集体经济组织的注册登记、证书发放和赋予统一社会信用代码等工作，规范农村集体经济组织登记制度。推进农村集体经营性资产股份合作制改革，将集体经营性资产以股份或份额量化到集体组织成员，倡导实行"生不增、死不减、可继承"的股权静态管理模式。积极探索农村集体经济组织成员对集体资产股份抵押、担保、继承等权能的有效实现形式，探索建立承包土地经营权、农民住房财产权、农民集体资产股权抵押处置机制，夯实农村产权抵押融资基础，保障金融机构抵押权实现。探索开展农村宅基地、土地承包经营权、集体资产股权有偿自愿退出的多种形式利益补偿方式。加强农村集体资产管理交易、农村财务监管和土地流转管理等平台资源整合，建立健全农村产权流转管理服务平台，推动农村集体资金资产资源监督管理制度化、规范化、信息化。（省农业农村厅、省财政厅、省自然资源厅）

五、加强组织领导，强化乡村治理保障措施

（二十）加强组织领导

各级党委和政府要把乡村治理工作纳入经济社会发展总体规划和乡村振兴战略规划，开展乡村治理试点示范，及时研究解决工作中遇到的重大问题。抓好统筹指导、组织协调、资源整合和督促检查。将加强和改进乡村治理工作纳入乡村振兴考核。将党组织领导的乡村治理工作作为每年市县乡镇党委书记抓基层党建述职评议考核的重要内容，推动层层落实责任。各级党委和政府要抓好本意见贯彻落实。各地级以上市党委、政府每年向省委、省政府报告推进实施乡村振兴战略进展情况时，要将乡村治理工作情况作为重要内容。

（二十一）建立协同推进机制

省、市、县三级建立完善乡村治理工作协同运行机制，定期研究乡村治理工作。党委农村工作部门要发挥牵头抓总作用，强化统筹协调、具体指导和督促落实，对乡村治理工作情况开展督导，对乡村治理政策措施开展评估。组织、宣传、政法、民政、司法、公安等相关部门要按照各自职责，强化政策、资源和力量配备，加强工作指导，做好协同配合，形成工作合力。

（二十二）强化各项保障

各级党委和政府要加强乡村治理人才队伍建设，指导驻村第一书记、驻村干部等围绕乡村治理主要任务开展工作，聚合各类人才在乡村治理中发挥积极作用。各级政府落实乡村治理工作经费保障，加强乡村社会治安综合治理设施装备保障，完善政府、社会多元化投入的经费保障机制，建

立健全与绩效考核相挂钩的报酬兑现机制。有计划、分层次开展村干部培训。鼓励各地创新乡村治理机制。组织开展乡村治理示范村镇创建活动，大力选树宣传乡村治理各类先进典型，营造良好舆论氛围。

（二十三）加强分类指导

各地各有关部门要结合实际，围绕中央和省委关于加强和改进乡村治理的决策部署，制定贯彻落实的操作措施。对于需要普遍执行和贯彻落实的政策措施，要加大力度，压实责任，明确进度，务求实效。对于需要继续探索的事项，要组织开展改革试点，探索创新，及时总结一批可复制可推广的经验做法。对于鼓励提倡的做法，要有针对性地借鉴吸收，形成适合本地的乡村治理机制。

关于组织开展乡村治理"百镇千村"示范创建活动的通知

各地级以上市党委农办、农业农村局、组织部、宣传部、民政局、司法局：

为贯彻落实中央和省委关于加强和改进乡村治理的决策部署，省委农办、省农业农村厅，省委组织部、宣传部，省民政厅、司法厅等部门决定联合组织开展乡村治理"百镇千村"示范创建活动，推动健全党组织领导的自治、法治、德治相结合的乡村治理体系，培育和树立一批乡村治理典型，发挥其示范引领作用，进一步促进乡村治理体系和治理能力现代化。现将有关事项通知如下。

一、总体要求

以习近平新时代中国特色社会主义思想为指导，全面贯彻党的十九大和十九届四中全会精神，紧紧围绕实施乡村振兴战略的总体部署，坚持加强党对乡村治理的集中统一领导，坚持发挥农民在乡村治理中的主体作用，坚持推进自治法治德治协同发力，坚持示范引领、抓点带面、创新实践，探索各具特色的自治、法治、德治相结合的乡村治理有效途径，形成一批乡村治理典型案例，带动全省乡村治理体系建设，促进建设充满活力、和谐有序的乡村社会。

二、创建标准

根据中央和省委对乡村治理的有关政策要求和各地乡村治理发展情况，确定乡村治理示范村镇创建标准如下。

（一）示范村的创建标准

1. **村党组织领导坚强有力**。村党组织班子团结、工作规范，对村级各类组织实现统一领导，党组织战斗堡垒和党员先锋模范作用有效发挥。

2. **村民自治依法规范**。村党组织领导的村民自治制度健全、议事形式丰富，民主选举、民主协商、民主决策、民主管理、民主监督机制完善，村规民约为广大村民知晓并认同，能有效调动村民参与自治的积极性。

3. **法治保障坚实可靠**。群众性法律法规宣传活动经常，积极开展法治文化阵地建设和法治文化活动，提供法律基本服务便捷高效，村"两委"成员带头尊法学法守法用法，村民法治意识明显增强。

4. **文化道德形成新风**。充分发挥新时代文明实践中心作用，深入开展社会主义核心价值观教育，广泛开展道德建设实践活动，建立崇德向善的激励约束机制，保护和弘扬传统优秀文化，大力开展移风易俗行动。

5. **乡村发展充满活力**。有明确的发展规划，村级集体经济组织不断发展壮大，村民增收渠道多样，村容村貌整洁美观，人居环境明显改善。

6. **农村社会安定有序**。深入开展农村基层综合治理，各类组织和人士积极参与乡村建设和治理，矛盾调处机制健全，有效抵制黑恶势力、封建迷信活动和不良社会风气，无重大治安刑事案件、越级上访和非法宗教等活动，村民关系和谐。

（二）示范镇（乡）的创建标准

1. **乡村治理工作机制健全**。落实乡镇党委抓乡村治理工作的责任，党委和政府在人力、物力、财力投入方面为乡村治理工作提供保障，政府治理、社会参与、村民自治良性互动，基本建立共建共治共享的乡村治理格局。

2. **基层管理服务便捷高效**。乡镇对农村公共服务事项内容有明确的权责清单，乡村资源、服务、管理重心有效下移，乡镇和村对农民管理和服务职责清晰、有效联动，能在行政村为农民提供"一门式办理""一站式服务"。

3. **农村公共事务监督有效**。制定乡村小微权力责任清单，基本建立农民群众、村务监督委员会和上级部门等多方监督体系，农村党务、政务、村务、财务公开化、制度化和规范化。

4. 乡村社会治理成效明显。 辖区内各行政村党组织领导的自治、法治、德治相结合的乡村治理体系基本建立，有效化解社会矛盾纠纷，治理非法宗教活动，铲除黑恶势力滋生土壤，乡村发展充满活力，村容村貌整洁优美，社会秩序良好。

三、创建工作要求

（一）重视创建工作

开展乡村治理"百镇千村"示范村镇创建活动是贯彻落实中央和省委关于加强和改进乡村治理决策部署的一项重要工作，是推进乡村治理体系和治理能力现代化的具体举措，示范村镇创建工作将纳入乡村振兴考核的加分项。各市党委农办和农业农村局、组织、宣传、民政、司法等部门要高度重视，精心组织，周密部署。各级党委农村工作部门具体负责示范创建工作，要确定专人负责，加强沟通协调，广泛发动各地村、镇积极参与示范创建活动。

（二）强化创建指导

要将示范创建活动与协调推进乡村治理体系建设工作结合起来，加强调查研究，把握示范创建活动的方向，推进自治法治德治融合发展。要加大培训力度，提高基层干部能力，推动乡村治理政策落实。要因地制宜推进创建工作，培育一批各具特色的乡村治理典型。要抓好统筹指导、组织协调、资源整合和督促检查。

（三）做好申报认定

全省首批创建100个示范镇、1000个示范村，每个地级以上市创建5个省级乡村治理示范镇、50个省级乡村治理示范村。已被评为全国乡村治理示范村镇的，不再参与省级乡村治理示范村镇创建，街道不参与省级示范村镇创建，示范村与示范镇（乡）一般不重复。各市相关部门按照创建标准,联合确定推荐示范村、镇(乡),由农业农村主管部门于2020年10月12日前将"百镇千村"示范创建推荐名单和推荐表(附件1,略)报送省农业农村厅农村合作经济指导处。省委农办、省农业农村厅将会同省委组织部、宣传部,省民政厅、司法厅等部门对各市推荐的示范村、镇(乡)进行复核,经公示后予以认定公布。

(四)大力宣传推介

各市要认真总结"百镇千村"示范创建活动的好做法,组织媒体广泛宣传报道,营造提高乡村治理水平的良好氛围。要深入梳理示范村镇的好经验好模式,加强典型案例的宣传与推介,带动全省各地乡村治理能力全面提升。

中共广东省委农村工作办公室　广东省农业农村厅
中共广东省委组织部　中共广东省委宣传部
广东省民政厅　广东省司法厅
2020年3月26日